Das automatisierte
Online Business

Das automatisierte Online Business

Revolutionieren Sie Ihr Business mit Automatisierungen

Starten Sie jetzt in die Zukunft des Online-Erfolgs!

Leopold Lyring

Impressum

Die Deutsche Nationalbibliothek verzeichnet diese Publikation in der Deutschen Nationalbibliografie; detaillierte bibliografische Daten sind im Internet über dnb.dnb.de abrufbar.

© **2023** Leopold Lyring

Herstellung und Verlag:
BoD – Books on Demand, Norderstedt

ISBN: 9783739241272

URL https://clevercapitalpress.pagepitch.com
Mail ccpress@pagepitch.com

Über dieses Buch

Willkommen in der Zukunft des Online-Business! In diesem Buch werden Sie lernen, wie Sie Ihr Unternehmen durch die Anwendung automatisierter Systeme und Tools auf das nächste Level bringen können. Ich zeigen Ihnen, wie Sie die Einstellung der richtigen Mitarbeiter und deren Zusammenarbeit mit den Systemen optimieren können, um ein erfolgreiches und effizientes Unternehmen zu führen. Entdecken Sie, wie Sie Ihre Prozesse systematisieren und Ihre Gewinne maximieren können. Werden Sie Teil der Zukunft des Online-Business und beginnen Sie Ihre Reise zum Erfolg noch heute!

Inhaltsverzeichnis

13

① Systematisierung
Überblick und Vorteile

Das Internet hat die Art und Weise verändert, wie Verbraucher Unternehmen wahrnehmen, insbesondere bei kleinen Betrieben. Obwohl es vielen Menschen gelungen ist, erfolgreich ein Online-Unternehmen zu gründen, stellt mangelnde Organisation und ineffiziente Ressourcennutzung oft ein Hindernis für den dauerhaften Erfolg dar.

Um erfolgreich im Internet zu agieren, ist es von entscheidender Bedeutung, sowohl eine gute Geschäftsidee zu haben als auch die notwendigen Mittel, um Kunden zu gewinnen. Es ist wichtig zu verstehen, dass das Management eines Online-Geschäfts die gleichen Herausforderungen mit sich bringt wie das eines traditionellen Unternehmens. Dies kann durch Selbststudium oder durch die Einstellung vertrauenswürdiger Mitarbeiter erreicht werden.

Damit Sie erfolgreich werden ist es wichtig, Visionen mit realistischen Zielen und Planungen zu verknüpfen. Die Systematisierung und Organisation des Geschäftsprozesses ist ein wesentlicher Faktor für den dauerhaften Erfolg und kann durch das Studium und die Anwendung von effektiven Methoden erreicht werden.

Indem man die richtige Balance zwischen kreativer Vision und praktischem Handeln findet, kann man ein erfolgreiches und rentables Online-Geschäft aufbauen. Es ist wichtig, sich Zeit zu nehmen, um die notwendigen Schritte zu unternehmen, um das Geschäft systematisch aufzubauen und sicherzustellen, dass es erfolgreich wächst und gedeiht.

Was ist Systematisierung

Systematisierung ist ein wichtiger Aspekt des Unternehmertums, bei dem es darum geht, Prozesse und Abläufe zu optimieren und zu standardisieren, um Effizienz und Transparenz zu erhöhen.

Dies bedeutet nicht, dass man in einem starren Rahmen eingeschränkt wird, sondern im Gegenteil, es bietet mehr Freiheit und Kontrolle. Durch die Schaffung stabiler und funktionierender Prozesse kann man sicherstellen, dass jede Aufgabe einen klaren Zweck hat und erfolgreich abgeschlossen wird. Eine gut organisierte Systematisierung kann Zeit und Ressourcen sparen, indem unproduktive Meetings und Prozesse vermieden werden, und ermöglicht es den Entscheidungsträgern, sich auf wichtigere Aspekte des Unternehmens zu konzentrieren.

Durch die Standardisierung und Automatisierung von Abläufen kann man Fehler vermeiden und Probleme schneller lösen. Dies führt zu einer besseren Organisation und einer höheren Produktivität. Ein gut systematisiertes Unternehmen ist in der Lage, mehr Freiheit und Flexibilität zu bieten, als ein chaotisches und ungeordnetes Unternehmen, da Prozesse klarer definiert sind und die Mitarbeiter ihre Arbeit effizienter und effektiver ausführen können. Systematisierung ist ein Prozess, bei dem Unternehmen ihre Abläufe und Prozesse standardisieren, optimieren und automatisieren.

Dies hat eine Reihe von Vorteilen, die zu einem besseren Geschäftsergebnis beitragen. Durch die Standardisierung wird die Effizienz erhöht, Fehler werden verringert und es entsteht ein besserer Überblick über die Geschäftstätigkeit. Ein gut durchdachtes Systematisierungsprozess führt zu einer besseren Arbeitsbelastungsverteilung und ermöglicht es allen Teammitgliedern, sich auf ihre wichtigsten Aufgaben und Ziele zu konzentrieren. Die Systematisierung trägt dazu bei, einen fließenden und gut funktionierenden Prozess zu etablieren, der jedes Teammitglied unterstützt und dabei hilft, die Geschäftsziele des Unternehmens zu erreichen. Insgesamt ist die Systematisierung ein wichtiger Bestandteil eines erfolgreichen E-Business.

Durch die Verbesserung der Produktivität und Effizienz und die Unterstützung der Unternehmensziele kann das Unternehmen Wachstum und Profitabilität fördern. Eine effektive Systematisierung ist ein zentraler Faktor für den Erfolg eines E-Business.

Sie beinhaltet die Organisation und Planung von Prozessen und Abläufen, um sicherzustellen, dass diese sinnvoll, effizient und innerhalb eines angemessenen Zeitrahmens durchgeführt werden können. Durch die Schaffung einer solchen Systematisierung bleibt mehr Zeit und Energie für wichtige Aspekte des Unternehmens, wie Kundengewinnung, Produktentwicklung und Marketing. Eine effektive Systematisierung hilft dabei, unnötige Arbeit zu reduzieren und die Chancen auf Erfolg zu erhöhen.

Warum ist es wichtig, Ihr Online-Geschäft zu systematisieren?

Eine systematisierte Online-Geschäftspraxis ist von entscheidender Bedeutung für den Erfolg eines E-Business und bringt viele Vorteile mit sich. Durch die Standardisierung und Optimierung der Abläufe und Prozesse wird Zeit gespart und die Effizienz gesteigert, was zu einer besseren Arbeitsbelastungsverteilung führt. Dies ermöglicht es dem Unternehmen, sich auf wichtigere Aufgaben zu konzentrieren und seine Geschäftsziele zu erreichen.

Eine systematisierte Online-Geschäftspraxis verbessert auch die Übersicht und Kontrolle über die Geschäftsabläufe, wodurch sichergestellt wird, dass alles gemäß den geplanten Abläufen abläuft. Dies fördert zudem die Zusammenarbeit und Kommunikation innerhalb des Teams, was zu einer einheitlichen Vorgehensweise und besseren Zusammenarbeit beiträgt.

Eine systematisierte Online-Geschäftspraxis schafft auch eine solide Grundlage für das Wachstum und die Expansion des Unternehmens. Durch eine klare Struktur und Standardisierung wird sichergestellt, dass das Unternehmen gut organisiert und bereit für neue Herausforderungen ist.

Zusätzlich verbessert eine systematisierte Online-Geschäftspraxis auch die Qualität der Produkte und Dienstleistungen und sorgt für eine konsistente Kundenerfahrung. Dies führt zu einer höheren Kundenzufriedenheit und kann die Loyalität der Kunden fördern.

Insgesamt ist es daher unerlässlich, dass Unternehmen ihre Geschäftspraxis systematisieren, um diese Vorteile zu nutzen und ihre Geschäftserfolge zu maximieren.

Die Kosten minimieren

Eine systematisierte Geschäftspraxis ist von entscheidender Bedeutung für den Erfolg Ihres Online-Unternehmens. Eine gut organisierte Struktur ermöglicht es Ihnen Zeit und Energie effektiv Unternehmen zu wachsen und Ihre Einnahmen zu steigern.

Ohne eine gut organisierte Geschäftspraxis kann es schwierig sein, Aufgaben an andere Personen zu delegieren, was zu Zeit- und Energieverschwendung führt. Eine systematisierte Praxis bietet eine klare Struktur die es erleichtert, Aufgaben zu übertragen und sicherzustellen, dass sie korrekt ausgeführt werden.

Darüber hinaus fördert eine systematisierte Geschäftspraxis die Zusammenarbeit und Kommunikation innerhalb des Unternehmens und schafft eine solide Grundlage für das Wachstum und die Skalierung. Durch die Schaffung klarer Prozesse und Standardisierungen wird auch sichergestellt, dass die Qualität Ihrer Produkte und Dienstleistungen konsistent bleibt und Sie einen bleibend, positiven Eindruck bei Ihrem Kunden hinterlassen.

In der Summe ermöglicht Ihnen eine systematisierte Online-Geschäftspraxis, Ihre Zeit und Ressourcen effektiv zu nutzen, Ihre Geschäftsabläufe zu optimieren, Ihre Kunden zufrieden zu stellen und Ihr Unternehmen erfolgreich zu führen.

Mehr Effizienz

Eine sorgfältige Dokumentation der Geschäftsprozesse ist unerlässlich für den langfristigen Erfolg eines Unternehmens. Eine detaillierte Aufzeichnung aller Prozesse kann helfen, ineffiziente Schritte zu identifizieren und zu eliminieren, was Zeit und Kosten spart und dem Unternehmen mehr Ressourcen für das Wachstum und die Expansion zur Verfügung stellt. Darüber hinaus bietet eine präzise Prozessdokumentation einen Rahmen für die Arbeit aller Mitarbeiter, was zu einer besseren Effizienz und einer höheren Leistungsbereitschaft beiträgt.

Eine genaue Dokumentation sorgt auch dafür, dass alle Mitarbeiter die gleiche Vorgehensweise verfolgen, was zu einer konsistenten Arbeitsweise und einer höheren Qualität der Produkte und Dienstleistungen führt. Außerdem kann eine Prozessdokumentation dazu beitragen, Fehler zu vermeiden, indem sichergestellt wird, dass alle Schritte korrekt ausgeführt werden. Daher ist es unerlässlich, dass Unternehmen ihre Geschäftsprozesse sorgfältig dokumentieren, um ihre Leistung zu verbessern und ihr Potenzial auszuschöpfen.

Verbesserte Kommunikation

Durch eine verbesserte Kommunikation kann ein Unternehmen eine effizientere Arbeitsweise erreichen und unnötige Verzögerungen vermeiden. Eine gut organisierte und ausführlich dokumentierte Kommunikation ist für ein erfolgreiches Unternehmen von entscheidender Bedeutung, da sie sicherstellt, dass alle Beteiligten auf demselben Stand sind und Missverständnisse vermieden werden. Dies verbessert nicht nur die interne Zusammenarbeit, sondern auch die Beziehungen zu Kunden und Geschäftspartnern, da klare und präzise Kommunikation Vertrauen aufbaut.

Außerdem ermöglicht es Mitarbeitern, ihre Aufgaben effizienter zu erledigen, da sie jederzeit auf die Informationen zugreifen können, die sie benötigen, um ihre Arbeit zu erledigen.

Neue Mitarbeiter anlernen

Ein gut durchdachtes Einarbeitungsverfahren für neue Mitarbeiter kann Stress für bestehende Teammitglieder bei der Einarbeitung reduzieren. Durch die Anwendung von dokumentierten Auswahlverfahren kann sichergestellt werden, dass die richtigen Personen für jede Aufgabe eingestellt werden und sie ohne zusätzliche Unterstützung arbeiten können.

Eine gründliche Schulung für neue Mitarbeiter führt zu einer besseren Leistung und Produktivität. Dies führt zu weniger Fehlern und einer höheren Gesamtleistung, was wiederum zu höheren Umsätzen und Kosteneinsparungen führt.

Messen und dokumentieren des Fortschritts

Obwohl der Cashflow ein Indikator für den finanziellen Erfolg Ihres Unternehmens ist, kann die Überwachung Ihrer Marketingstrategien oder Produktentwicklungsprozesse ein genaueres Bild von dessen Leistungsfähigkeit liefern.

Mit gut organisierten Prozessen und einer ausführlichen Dokumentation können Sie Problembereiche schnell identifizieren und Echtzeitdaten über ihre Entwicklung erhalten.

Mehr Zeit für mehr Fortschritt

Wenn Ihr Unternehmen gut organisiert ist, können Sie sich auf die Wachstumsfaktoren konzentrieren. Anstatt Zeit damit zu verbringen, sich um die Verwaltung von E-Mails und anderen täglichen Aufgaben zu kümmern, können Sie sich auf Marketing und neue Produktentwicklung konzentrieren.

Durch die Systematisierung des Unternehmens haben Sie mehr Freiraum, um sich anderen Aktivitäten zu widmen. Ein systematisches Unternehmen ermöglicht auch, dass Sie Urlaub nehmen können, ohne sich Sorgen machen müssen, dass das Unternehmen aufhört zu funktionieren.

Mit einer gut organisierten Struktur können Sie in Ruhe Urlaub machen, ohne befürchten zu müssen, dass das Unternehmen aus dem Takt gerät oder stillsteht.

Es ist wichtig, dass Sie die richtigen Tools und Ressourcen nutzen, um Ihre Ziele zu erreichen. Dies kann von einer einfachen Projektmanagement-Software bis hin zu einem erfahrenen virtuellen Assistenten reichen. Es ist ebenso ratsam, sich von Experten beraten zu lassen, wenn es um wichtige Entscheidungen geht.

Eine regelmäßige Überprüfung der Prozesse ist von entscheidender Bedeutung, um sicherzustellen, dass das Unternehmen auf dem richtigen Weg bleibt und notwendige Anpassungen vornehmen kann. Dies hilft, überflüssige Schritte zu erkennen und Zeit und Ressourcen zu sparen, um das Unternehmen nachhaltig zu fördern.

Kurz gesagt, ein klares Ziel vor Augen zu haben und die richtigen Schritte zu unternehmen, um das Geschäft zu systematisieren und zu automatisieren, ist unabdingbar.

Indem Sie andere einbeziehen und die richtigen Hilfsmittel und Technologien nutzen, können Sie davon ausgehen, dass Ihr Online-Geschäft erfolgreich ist und Sie sich auf die wichtigen Dinge konzentrieren können.

② Fangen Sie von vorne an
Die Liste der routinierten Aufgaben

Um Ihr Online-Geschäft zu systemati-sieren, sollten Sie einen umfassenden Überblick über alle Aufgaben erstellen, die in Ihrem Unternehmen täglich oder wö-chentlich ausgeführt werden. Dazu können sowohl Aufgaben im stationären Geschäft, im reinen Online-Geschäft oder in einer Kombination aus beidem gehören. Eine sys-tematische Aufgabenliste kann Ihnen helfen, Prioritäten zu setzen und Ihre Zeit und Res-sourcen effizienter zu nutzen.

Hier sind einige Beispiele für Aktivi-täten, die es zu automatisieren gilt.

Buchhaltung

Eine sorgfältige Überwachung Ihrer finan-ziellen Geschäftstätigkeiten ist unerlässlich, um erfolgreich zu sein. Durch die Verwen-dung von Buchhaltungssystemen kann man Zeit sparen und die Effizienz verbessern. Diese Systeme bieten eine Übersicht über

Einnahmen und Ausgaben, erleichtern die Vorbereitung für die Steuererklärung, halten Lieferanten- und Mitarbeiterzahlungen fest und geben Einblick in Kreditkarteneinkäufe.

Es gibt auch Finanzverwaltungssysteme, welche weitere Funktionalitäten wie die Überwachung von Kreditkartenkäufen, Rechnungsstellung, Verwaltung überfälliger Rechnungen und tägliche Kassenabrechnungen bieten.

Weitere Bereiche, die systematisiert werden können, umfassen Einkäufe, Gewinn- und Verlustrechnung, Fakturierung, Portokasse, Personalkosten und Lohnabrechnung.

Verwaltung

Eine Zuweisung von Verantwortung ist notwendig, um die täglichen Aufgaben zu erledigen. Abhängig von der Größe Ihres Unternehmens kann dies ein einzelner Leiter oder mehrere Führungskräfte sein, die eine oder mehrere Abteilungen verwalten. Es ist wichtig, die Verwaltung zu organisieren, da in diesem Bereich häufig höhere Fluktuationen vorhanden sind. Ein etabliertes System trägt dazu bei, dass sich neue Mitarbeiter schneller einarbeiten und dass weniger Zeit damit verbracht werden muss, Dinge, wie der Umgang mit der EDV zu erklären.

Es ist ratsam, folgende Verwaltungsaufgaben zu systematisieren:

Eröffnungs- und Schließprozeduren, Empfang am Telefon, Postbearbeitung, Instandhaltung der Büroräume, Aktenablage, Umgang mit Dokumenten, Produktion von Dokumenten, Verwaltung von Beständen, Auftragsbearbeitung und Erstellung von Aufträgen.

Marketing

Eine effektive Marketingstrategie ist ein zentraler Bestandteil für den Erfolg eines Online-Geschäfts. Ohne eine solche Strategie wird es schwierig sein, potenzielle Kunden zu erreichen und die Sichtbarkeit des Geschäfts zu erhöhen, was entscheidend für den Aufbau und das Wachstum des Unternehmens ist.

Dies beinhaltet die Entwicklung von Methoden, um Nischenmärkte anzusprechen, Ihr Produkt zu positionieren und überzeugende Marketinginhalte zu erstellen. Ein

Großteil Ihrer Zeit wird wahrscheinlich damit verbracht werden, Ihr Unternehmen zu bewerben und neue Kunden zu gewinnen.

Es ist jedoch möglich, diese Anstrengungen durch Systematisierung und Delegierung an andere Mitarbeiter zu optimieren, was Zeit und Ressourcen spart.

Im Folgenden finden Sie einige andere Marketingprozesse, die durch Systematisierung verbessert werden können.

- **E-Mail-Marketing**

Automatisieren Sie Ihre E-Mail-Kampagnen, um personalisierte E-Mails an Ihre Kunden zu senden und Reaktionen zu tracken.

- **Social Media Marketing**

Schaffen Sie einen Prozess, um regelmäßig Inhalte auf Ihren Social-Media-Kanälen zu posten und die Interaktion mit Ihrer Zielgruppe zu verfolgen.

- **Zielgerichtete Anzeigen**

Erstellen Sie einen Prozess, um zielgerichtete Anzeigen auf sozialen Medien oder Google AdWords zu schalten und die Leistung dieser Anzeigen zu messen.

- **Content-Marketing**

Schaffen Sie eine Struktur für die Erstellung, Verteilung und Verwaltung von Inhalten, um Ihre Zielgruppe zu informieren und zu unterstützen.

- **Leadgenerierung**
Entwickeln Sie einen Prozess, um potenzielle Kunden zu erfassen, um bessere Verkaufschancen zu haben.

Verbessern Sie Ihr Marketing durch die Schaffung einfacher Prozesse für die wichtigsten Marketingaktivitäten Ihres Unternehmens. So kann jeder in Ihrem Team das Marketing-Handbuch verwenden, um erfolgreiche Marketingkampagnen, wie E-Mail-Marketing oder gezielte Anzeigen, durchzuführen.

Vertrieb

Es ist notwendig, den Vertrieb und das Marketing als separate, aber miteinander verbundene Bereiche des Geschäfts zu identifizieren, um eine effiziente und strukturierte Unternehmensführung zu ermöglichen. Das Marketing befasst sich mit der Verbreitung der Bekanntheit des Unternehmens und der Schaffung von Bewusstsein für dessen Produkte und Dienstleistungen, während sich der Vertrieb auf die Überführung potenzieller Kunden in tatsächliche Käufer konzentriert.

Ein *Affiliate-Programm* kann als Marketing-prozess systematisiert werden. Dabei können Sie einen Prozess schaffen, um Partner und Affiliates zu rekrutieren, Schulungen und Ressourcen bereitstellen, um ihnen bei der Bewerbung Ihrer Produkte zu helfen, und eine effektive Vergütungsstruktur aufbauen, um ihre Motivation zu steigern.

Maßnahmen zur Kundenbindung können ebenfalls systematisiert werden, um eine loyale Kundenbasis aufzubauen. Hier sind einige Beispiele:

• Loyalitätsprogramme: Schaffen Sie ein Loyalitätsprogramm, das es Kunden ermöglicht, Belohnungen für das Einkaufen bei Ihnen zu sammeln.

• Personalisierte Angebote: Senden Sie personalisierte Angebote und Rabatte an Kunden, basierend auf ihren Kaufhistorien und Vorlieben.

• Kundensupport: Stellen Sie sicher, dass Ihre Kunden eine hervorragende Kundenerfahrung haben, indem Sie eine effektive Kundensupport-Strategie implementieren.

•Feedback: Fordern Sie Feedback von Kunden an und nutzen Sie es, um Ihre Produkte und Dienstleistungen zu verbessern.

•E-Mail-Kommunikation: Senden Sie regelmäßige E-Mail-Updates und Newsletter an Kunden, um sie auf dem Laufenden zu halten und ihre Bindung zu Ihrem Unternehmen zu stärken.

Einen *systematisierten Verkaufsprozess*, der potenzielle bis zum Abschluss des Verkaufs begleitet. Hier sind einige Schritte, die Sie bei der Systematisierung Ihres Verkaufsprozesses beachten sollten:

•Lead-Generierung: Definieren Sie, wie Sie potenzielle Kunden identifizieren und kontaktieren möchten. Dies kann über Online-Formulare, gekaufte Kontaktlisten, Social Media-Marketing oder andere Methoden erfolgen.

•Lead-Qualifizierung: Bestimmen Sie, welche Faktoren darüber entscheiden, ob ein Lead als qualifiziert angesehen wird. Dies kann beispielsweise das Budget, die Entscheidungsbefugnis oder das Timing des potenziellen Kunden beinhalten.

• Verkaufspitch: Entwickeln Sie eine Verkaufspräsentation oder -pitch, um potenzielle Kunden zu überzeugen, dass Ihr Produkt oder Ihre Dienstleistung die beste Wahl für sie ist.

• Angebotserstellung: Erstellen Sie ein Angebot, das auf die Bedürfnisse des potenziellen Kunden abgestimmt ist.

• Verhandlungen und Abschluss: Führen Sie Verhandlungen durch und schließen Sie den Verkauf ab.

• Nachverfolgung: Verfolgen Sie den Verkauf und überprüfen Sie, ob der Kunde zufrieden ist.

Ein **Lead-Management-System**, das die Verwaltung und Nachverfolgung von Leads ermöglicht. Ein Lead-Management-System (LMS) ist ein wichtiger Bestandteil eines systematisierten Verkaufsprozesses. Es ermöglicht, Leads zu organisieren, zu verfolgen und zu analysieren, um bessere Verkaufsentscheidungen zu treffen. Hier sind einige der Vorteile eines LMS:

• Lead-Organisation: Ein LMS kann alle Leads, die für Ihr Unternehmen generiert werden, in einer zentralen Datenbank speichern. Hier können Sie Informationen zu jedem Lead verwalten, einschließlich Kontaktdaten, Verkaufsstufe und historischer Aktivitäten.

•Lead-Verfolgung: Ein LMS ermöglicht es, den Fortschritt jedes Leads zu verfolgen, von der Lead-Generierung bis zum Abschluss des Verkaufs.

•Lead-Scoring: Ein LMS kann potenzielle Kunden bewerten, indem es bestimmte Kriterien, wie Budget, Entscheidungsbefugnis und Timing, verwendet.

•Lead-Routing: Ein LMS kann Leads automatisch an den richtigen Verkäufer weiterleiten, basierend auf dem Lead-Scoring, den Verkaufsgebieten und anderen Faktoren.

•Lead-Berichterstattung: Ein LMS kann umfassende Berichte zu Lead-Aktivitäten und -Ergebnissen generieren, die für die Optimierung des Verkaufsprozesses verwendet werden können.

Ein *Verkaufsskript*, das Verkäufern als Leitfaden dient, wie sie potenzielle Kunden effektiv ansprechen und überzeugen können.

Hier ist ein Beispiel für ein Verkaufsskript, das Ihnen helfen kann, potenzielle Kunden effektiv anzusprechen und zu überzeugen:

1.   Einführung: Stellen Sie sich und Ihr Unternehmen vor und zeigen Sie, dass Sie verstehen, welche Herausforderungen der Kunde hat.

2.   Bedarfsanalyse: Stellen Sie gezielte Fragen, um die Bedürfnisse des Kunden zu verstehen und herauszufinden, wie Ihr Produkt oder Ihre Dienstleistung seine Bedürfnisse befriedigen kann.

3.   Produktdemonstration: Zeigen Sie dem Kunden, wie Ihr Produkt oder Ihre Dienstleistung funktioniert und welche Vorteile es bietet. Verwenden Sie Beispiele und Fallstudien, um das Konzept zu veranschaulichen.

4.   Lösungsorientierte Argumentation: Verbinden Sie die Bedürfnisse des Kunden mit den Vorteilen Ihres Produkts oder Ihrer Dienstleistung und argumentieren Sie, warum es die beste Lösung für seine Bedürfnisse ist.

5.   Überwindung von Bedenken: Antizipieren Sie Bedenken, die der Kunde haben

könnte, und liefern Sie geeignete Antworten und Argumente.

6.   Abschluss: Bieten Sie dem Kunden eine Entscheidung an und fragen Sie nach dem Verkauf. Stellen Sie sicher, dass der Kunde versteht, welche nächsten Schritte er unternehmen muss, um das Produkt oder die Dienstleistung zu erhalten.

7.   Nachbereitung: Bedanken Sie sich beim Kunden für seine Zeit und sein Interesse und stellen Sie sicher, dass er alle notwendigen Informationen hat.

Denken Sie daran, dass jeder Kunde einzigartig ist und dass Sie Ihr Verkaufsskript entsprechend anpassen müssen, um auf die Bedürfnisse des Kunden einzugehen. Üben Sie Ihr Skript, bevor Sie es verwenden, und seien Sie bereit, es anzupassen und zu verbessern, wenn Sie Feedback erhalten.

Technologie und Daten

Um ein erfolgreiches Unternehmen zu führen, ist es von entscheidender Bedeutung, über effektive Systeme für die Verwaltung Ihrer Daten zu verfügen. Dies beinhaltet so-

wohl den Schutz Ihrer sensiblen Geschäftsinformationen als auch die Vermeidung von
Papierbergen im Büro. Indem Sie Daten-
verwaltungssysteme implementieren, kann
jeder in Ihrem Team leicht auf notwendige
Informationen zugreifen und wichtige Geschäftsprozesse werden effizienter gestaltet.
Hier sind einige der wichtigsten Aufgaben
in Bezug auf Firmendaten:

• Datenerfassung: Sammeln und Eingabe
aller relevanten Informationen, einschließlich Kunden- und Geschäftspartnerdaten,
Finanzdaten und Personalakten.

• Datenorganisation: Strukturierung und
Klassifizierung von Daten, um sicherzustellen, dass sie sinnvoll und leicht zugänglich
sind.

• Datensicherheit: Schutz der Daten vor un-
befugtem Zugriff und Verlust durch sichere
Speicherung und regelmäßige Datensiche-
rungen.

• Datenanalyse: Überprüfung und Auswer-
tung von Daten, um wertvolle Einblicke in
die Geschäftstätigkeit zu gewinnen und Entscheidungen zu treffen.

• Datenkommunikation: Übertragung und

Austausch von Daten mit Geschäftspartnern und Kunden.

•Datenpflege: Aktualisierung und Aufrechterhaltung von Daten, um sicherzustellen, dass sie stets aktuell und korrekt sind.

•Datencompliance: Einhaltung von Gesetzen und Vorschriften im Zusammenhang mit Datenschutz und Datensicherheit.

Es ist wichtig zu beachten, dass je nach Größe und Art des Unternehmens weitere Aufgaben hinzukommen können. Es empfiehlt sich daher, ein robustes System für die Verwaltung von Firmendaten zu implementieren, dass diese Aufgaben automatisiert und effizient erledigt.

Um die Integrität Ihrer Daten und Geschäftsinformationssysteme sicherzustellen, müssen Sie ein Backup-System haben. Dies ermöglicht es Ihnen, Ihre Daten zu schützen, falls unvorhergesehene Ereignisse wie ein Serverausfall, Softwareproblem oder ein Cyber-Attacken auftreten.

Personalwesen

Es ist wichtig, dass jemand verantwortlich für die Überwachung und Einhaltung der geltenden Regeln und Vorschriften für Ihr Unternehmen ist, insbesondere in Situationen, in denen mehrere Personen an Ihrem E-Business beteiligt sind.

Die Verwaltung von Personalrichtlinien und -verfahren kann sehr aufwendig sein. Daher ist es ratsam, dass diese spezielle Aufgabe von jemandem kontrolliert wird, der ein gutes Auge für Details hat und große Datenmengen verarbeiten kann.

Es ist wichtig, dass Ihr Personalmanagement über ein ordnungsgemäßes System für folgende Punkte verfügt:

•Bewerbungsverfahren: Ein formalisiertes Verfahren zur Überprüfung und Auswahl geeigneter Bewerber.

•Onboarding-Verfahren: Ein Prozess zur Einführung neuer Mitarbeiter in das Unternehmen und zur Vermittlung wichtiger Informationen und Richtlinien.

•Leistungsbeurteilungen: Regelmäßige Beurteilungen der Leistungen von Mitarbeitern, um deren Fortschritt und Potenzial zu ermitteln.

•Gehalts- und Benefits-Verwaltung: Verwaltung von Gehaltsabrechnungen und anderen Vorteilen für Mitarbeiter.

•Schulung und Weiterbildung: Ein Prozess zur Förderung des beruflichen Wachstums und der Weiterentwicklung der Fähigkeiten der Mitarbeiter.

•Karriereentwicklung: Ein Prozess zur Unterstützung der Karriereentwicklung von Mitarbeitern, einschließlich der Vermittlung von Karrieremöglichkeiten innerhalb des Unternehmens.

•Personalentwicklungspläne: Individuelle Pläne zur Unterstützung der beruflichen und persönlichen Entwicklung von Mitarbeitern.

•Kündigungsverfahren: Ein formales Verfahren zur Beendigung von Arbeitsverhältnissen, das rechtlichen Vorschriften entspricht.

Eine umfassende Schulungsdokumentation ist ebenso ein wichtiger Bestandteil eines erfolgreichen Personalmanagement-Systems. Eine gut organisierte Dokumentation bietet klare und ausführliche Anweisungen und Verfahren für alle Schulungsthemen, die für

Ihre Mitarbeiter relevant sind.

Ein solches Handbuch ist besonders nützlich bei der Einarbeitung neuer Mitarbeiter, da es eine einheitliche Informationsquelle darstellt und sicherstellt, dass alle Mitarbeiter die gleichen Informationen erhalten. Es kann auch als Referenzmaterial verwendet werden, wenn Mitarbeiter Fragen oder Bedenken haben.

Eine gute Schulungsdokumentation kann zu einer höheren Zufriedenheit und Effektivität bei Ihren Mitarbeitern beitragen. Durch eine klare und verständliche Dokumentation können Mitarbeiter schnell und effizient ihre Arbeit ausführen und sind weniger anfällig für Fehler. Außerdem kann eine gute Schulungsdokumentation auch dazu beitragen, die Motivation und das Selbstvertrauen Ihrer Mitarbeiter zu stärken, indem ihnen gezeigt wird, dass Sie an ihrer beruflichen Entwicklung interessiert sind.

Zusammenfassend lässt sich sagen, dass eine Schulungsdokumentation ein wichtiger Baustein eines erfolgreichen Personalmanagement-Systems ist. Es kann Zeit und Ressourcen sparen, die Zufriedenheit und Effektivität Ihrer Mitarbeiter erhöhen und ihre Karriereentwicklung unterstützen.

Kommunikation

Eine einheitliche Kommunikation ist ein wichtiger Bestandteil für ein erfolgreiches Unternehmen. Durch eine systematisierte Herangehensweise an Ihre Kommunikationsprozesse können Sie nicht nur Effizienz und Professionalität erhöhen, sondern auch ein klares und einheitliches Bild Ihres Unternehmens vermitteln.

Eine solche Systematisierung kann beinhalten, dass alle Kommunikationsmittel, egal ob Briefe, E-Mails, Newsletter oder Protokolle, ein einheitliches Design und eine gleiche Sprache verwenden. Dies führt nicht nur zu Zeit- und Ressourceneinsparungen, sondern vermittelt auch ein professionelles und zusammenhängendes Image Ihres Unternehmens.

Indem Sie die einheitliche Kommunikation stärken, signalisieren Sie Ihren Kunden, Mitarbeitern und Geschäftspartnern, dass Sie ein Unternehmen sind, das seine Angelegenheiten professionell und gut organisiert handhabt. Auf diese Weise können Sie das Vertrauen in Ihr Unternehmen stärken und eine starke Präsenz auf dem Markt aufbauen.

Kundenbeziehungen

Eine effiziente Kundenbeziehungsmanagement ist wichtig für den nachhaltigen Erfolg eines Unternehmens. Durch die Etablierung standardisierter Prozesse und Verfahren garantieren Sie eine konsistente hohe Qualität des Kundenservices, welche alle Phasen des Kundenerlebnisses umfasst, einschließlich Interaktionen mit Ihrem Personal und den sichtbaren Aspekten Ihres Geschäfts. So kann eine erstklassige Kundenerfahrung durch alle Mitarbeiter gewährleistet werden.

Durch die Einbindung standardisierter Prozesse und Verfahren im Kundenbeziehungsmanagement wird sichergestellt, dass alle Interaktionen mit Kunden, einschließlich den Mitarbeitern und den sichtbaren Aspekten des Geschäfts, einheitlich hohen Qualitätsstandards entsprechen.

Diese Implementierungen tragen dazu bei, das Unternehmen zu professionalisieren und zu verbessern;

Umfassende Kundendatenbanken, effektive Verfolgung und Überwachung von Kundenanfragen, geregelte Kommunikationsprozesse, einheitliche Reaktionszeiten auf Kundenanfragen, strukturierte Feedback-Mechanismen, um den Kundenzufriedenheitsgrad zu ermitteln, regelmäßige Schulungen für Mitarbeiter, um ihnen die neuesten Technologien und Verfahren bei

Kundenbeziehungsmanagement zu vermitteln, und Überwachung und Überprüfung des Gesamtsystems, um ständig Verbesserungen vorzunehmen.

Einkäufe

Es gehört zum Alltag, dass ein Online-Unternehmen auch Einkäufe tätigt. Dies umfasst alles von Büromaterialien bis Software und Werbemitteln. Mit einer systematischen Vorgehensweise bei den Einkäufen kann sichergestellt werden, dass die benötigten Gegenstände immer verfügbar sind.
Einkaufssysteme die Sie systematisieren können sind:

• Die Überwachung von Bestellungen und Lieferungen

• Die Verwaltung von Lieferanten- und Produktkataloge

• Die Automatisierung von Bestellprozessen

• Die Überwachung von Einkaufsbudgets und -ausgaben

• Die Generierung von Berichten und Analysefunktionen zur Überwachung des Einkaufsprozesses

Durch die Benennung einer Person, die für die Aufbau- und Pflege von Beziehungen zu Lieferanten verantwortlich ist, können Sie sicherstellen, dass Sie günstige Preise für bereits erworbene und zukünftig zu erwerbende Waren und Dienstleistungen erhalten.

Vor der Durchführung eines Einkaufsprozesses sollte eine umfassende Überprüfung der wesentlichen Funktionen Ihres Unternehmens stattfinden, damit alle notwendigen Elemente berücksichtigt werden. Eine sorgfältige Vorbereitung wird Ihnen helfen, bessere Entscheidungen zu treffen und Ihre Geschäftsprozesse zu optimieren.

Organisation und Priorisierung der Aufgaben

Nach der Identifizierung aller wiederkehrenden Aufgaben innerhalb Ihres Unternehmens ist wissen Sie, welche Aufgaben zu organisieren und nach Wichtigkeit zu priorisieren sind. Abhängig von der Größe Ihres Betriebs kann es sinnvoll sein, einige Aufgaben unter einer gemeinsamen Überschrift zu gruppieren, zumindest solange Ihr Unternehmen noch überschaubar ist. Beachten Sie jedoch, dass diese Gruppierungen bei Bedarf angepasst werden müssen.

Hier sind einige Vorschläge für die Priorisierung Ihrer wichtigsten Unternehmensbereiche;

Produktentwicklung

Die Produktentwicklung ist eine wichtige Aufgabe in einem Unternehmen und sollte Priorität haben, da es um das Kernprodukt oder die Dienstleistung geht, die man potenziellen Kunden anbieten kann.

Permanente Produktverbesserung und fortlaufende Weiterentwicklung sind nötig, um Ihr Unternehmen im Wettbewerb zu halten.

Verwaltung und Buchhaltung

Ein kleines Unternehmen kann Verwaltung und Buchhaltung vereinen, indem es einen Büroleiter anstellt. Mit dem Wachstum des Unternehmens können diese Bereiche getrennt werden.

Bevor Verkäufe starten können, müssen diese Bereiche organisiert sein.

Technische Unterstützung

Um ein erfolgreiches E-Business zu führen, sind eine funktionierende Website sowie eine gut gewartete technische Ausstattung von entscheidender Bedeutung. Vor dem

Beginn des Verkaufs ist es von Vorteil, eine Person zu beschäftigen, die über die notwendigen Fähigkeiten und Kenntnisse verfügt, um die Website zu etablieren und zu verwalten sowie technische Probleme zu lösen.

Verkauf, Marketing und Kundendienst
Zu Beginn Ihres Online-Unternehmens können Verwaltung und Buchhaltung von einer oder zwei Personen gemeistert werden. Bei Wachstum des Unternehmens sollten diese Bereiche jedoch in separate Abteilungen aufgeteilt und mit klaren Prozessrichtlinien versehen werden.

Nach der Analyse und Priorisierung Ihrer Liste anhand ihrer Relevanz und Notwendigkeit für den Start Ihres Unternehmens, geht der nächste Schritt darin, Verfahren und Richtlinien zu definieren, die unabdingbar für den reibungslosen Betrieb Ihres Unternehmens auch außerhalb des Büros sind.

Entwicklung von Strategien und Verfahren

Nach Festlegung Ihrer Prioritäten ist es Zeit, die Richtlinien und Verfahren zu entwickeln, die das Rückgrat Ihres Unternehmens bilden werden. Diese Regeln und Verfahren gewährleisten einen reibungslosen Ablauf aller wichtigen Funktionen Ihres Unternehmens und ermöglichen Ihnen, sich voll und ganz auf das Wachstum Ihres Unternehmens zu konzentrieren. Berücksichtigen Sie dabei, dass Sie zwar viele Funktionen unter einem Dach vereinen, aber jede Funktion ihre eigenen Besonderheiten hat.

Jede dieser Funktionen muss klar durch spezifische Prozesse und Verantwortlichkeiten definiert werden.

Das Entwickeln von Richtlinien und Verfahren bedeutet die Schaffung eines klaren Prozesses, der in einer Schulungsanleitung festgehalten werden kann. Diese Prozesse sollten für kleine Teams ebenso verständlich sein wie für große Gruppen. Hier sind einige Beispiele, die Ihnen bei der Entwicklung von Verfahren für die wichtigsten Funktionen Ihres Unternehmens helfen können.

Buchhaltung

Regeln zu etablieren, die beschreiben, wann Rechnungen und Verbindlichkeiten erfasst werden müssen, wann Steuern berechnet werden sollen, wie Löhne und Gehälter der Mitarbeiter verwaltet werden und wie Ausgaben verbucht werden sollen.

Verwaltung

Die Verwaltungsrichtlinien und -verfahren sollten Richtlinien für die Einteilung der Mitarbeiter, das Verfassen von Briefen und allgemeiner Korrespondenz, die Einrichtung und Pflege des Ablagesystems, die Buchung von Reisen für die Mitarbeiter der Abteilung und die Bestellung von Büromaterial enthalten.

Verkauf, Marketing und Kundendienst

Es ist notwendig, dass die Abteilungen Verkauf, Marketing und Kundendienst klare Richtlinien erhalten, wie sie mit der Öffentlichkeit umgehen sollen. Die Marketingabteilung benötigt spezifische Anweisungen für die Erstellung ansprechender Werbung, die potenzielle Kunden anzieht, während die Abteilungen Verkauf und Kundendienst für die Kontaktaufnahme mit potenziellen Kunden und die Betreuung bestehender Kunden verantwortlich sind.

Prozesse dokumentieren

Damit Ihre Geschäftssysteme effektiv funktionieren, müssen diese Prozesse gründlich dokumentiert werden. Dies verringert das Risiko von Missverständnissen oder Unklarheiten bezüglich der Vorgehensweise in bestimmten Situationen. Obwohl die Dokumentation Ihrer Prozesse und Verfahren anfänglich einschüchternd erscheinen kann, gibt es viele nützliche Verfahren, die Sie anwenden können.

Die neuen Mitarbeiter in Ihrem Unternehmen bringen meist bereits Fachwissen aus dem Bereich mit, in dem sie arbeiten werden. Nutzen Sie dieses Wissen, um die Richtlinien und Verfahren für Ihr Unternehmen zu entwickeln. Um Zeit bei der Erstellung dieser Dokumente zu sparen, können Sie auf Vorlagen und Beispiele zurückgreifen, die Sie online oder von anderen Unternehmen erhalten. Es lohnt sich nicht, wertvolle Zeit zu verschwenden, indem man das Rad neu erfindet. Viele der Informationen, die Sie benötigen, sind bereits vorhanden und können leicht an Ihr Unternehmen angepasst werden.

Wenn Sie wirklich nicht die Zeit oder die Mittel haben, um Ihre Richtlinien und Verfahren selbst zu dokumentieren, können Sie immer einen Unternehmensberater beauftragen, der Ihnen bei der Erstellung eines Schulungshandbuchs und eines praktischen Mitarbeiterhandbuchs hilft. Die Kosten für diese Art von Dienstleistung werden sich auf lange Sicht bezahlt machen.

Umsetzung der Prozesse

Das Schreiben Ihrer Prozesse und Verfahren ist nur der Anfang. Genauso wichtig ist es, diese, auch nach der Fertigstellung, nochmals zu testen. Anhand des Testlaufs können Sie prüfen, ob die Struktur solide ist. Kein Unternehmen ist perfekt und es ist normal, dass es bei der Umsetzung Hindernisse gibt.

Überlegen Sie sich während des Tests, ob Verbesserungen vorgenommen werden können, um sicherzustellen, dass das Unternehmen auch ohne Ihre Anwesenheit reibungslos funktioniert.

Sobald Ihr Unternehmen wächst, wird es notwendig sein, Abteilungen zu erweitern, Richtlinien anzupassen oder neue Abteilungen zu schaffen. Eine solide Grundstruktur wird es erleichtern, diese Veränderungen umzusetzen, ohne dass Sie Ihre Geschäftspraktiken grundlegend überdenken müssen.

Zeichnen Sie die Abläufe in Ihrem Unternehmen auf

Verstehen Sie nicht nur die Funktionen in Ihrem Unternehmen, sondern lernen Sie diese zu identifizieren und zu priorisieren.

Dies kann erreicht werden, indem Sie ein Schaubild erstellen, das den Ablauf in jeder Abteilung zeigt.

Dazu müssen Sie bestimmen, wer für jeden Schritt des Prozesses verantwortlich ist und wie lange es dauert, bis der Prozess abgeschlossen ist. Durch die grafische Darstellung der Prozesse können Sie feststellen, ob Ihre Richtlinien und Verfahren richtig funktionieren und wo Verbesserungen in der Kommunikation und Effizienz möglich sind.

Obwohl die Entwicklung dieser Verfahren Zeit und Aufwand erfordern kann, ist es eine lohnende Investition und spart Ihnen langfristig Zeit und Geld.

FINOM  0€

Das kostenlose
All-in-One
Geschäftskonto für Freiberufler & Selbständige

- ★ Banking
- ★ Rechnungsstellung
- ★ Buchhaltung

Einfach mit dem
Smartphone scannen

③
Systematisierungs-Tools
Werkzeuge für Ihr
Online-Business

Wenn Sie ein erfolgreiches Online-Business aufbauen möchten, müssen Sie Systeme implementieren, die Ihrem Unternehmen auch ohne Ihre ständige Anwesenheit ermöglichen, regelmäßige und planbare Umsätze zu generieren.

Wenn Sie sich aufgrund der alltäglichen Herausforderungen und Aufgaben wie E-Mails, Projekte, Kundenbetreuung und Social-Media-Marketing, überfordert fühlen, gibt es unterstützende und effektive Tools.

Automatisierte Tools können eine unverzichtbare Unterstützung für den Aufbau eines erfolgreichen Unternehmens darstellen. Sie sparen Zeit und reduzieren Stress, indem sie tägliche Herausforderungen automatisch bearbeiten. Durch ihre Nutzung können Sie sich auf die Prioritäten konzentrieren und Ihre Produktivität erhöhen.

Hier finden Sie eine Auflistung auserwählter Tools und dessen Anwendungsbereiche.

Asana

Asana ist ein Projektmanagement-Tool, das es Teams ermöglicht, ihre Aufgaben, Projekte und Zusammenarbeit in einer einfach zu verwendenden und organisierten Umgebung zu verwalten. Es bietet Funktionen wie Aufgabenverwaltung, Teamkalender, Benachrichtigungen, Zusammenarbeit in Echtzeit und vieles mehr. Es ist ein weit verbreitetes Tool für die Verwaltung von Projekten und die Zusammenarbeit im Unternehmen.

Slack

Slack ist eine Kommunikations- und Zusammenarbeits-Plattform für Teams. Mit Slack können Benutzer miteinander Nachrichten und Dateien teilen, organisieren und verwalten, um die Zusammenarbeit im Team zu verbessern. Es unterstützt auch integrierte Anwendungen und Tools, die in einer einzigen Plattform kombiniert werden können, um den Arbeitsfluss zu optimieren. Slack ist ein einfaches, benutzerfreundliches und flexibles Tool, das für viele Branchen und Unternehmen geeignet ist.

GoToWebinar

GoToWebinar ist eine Online-Konferenz- und Webinar-Software, die von LogMeIn Inc. entwickelt wurde. Es ermöglicht es Unternehmen, Schulungen, Präsentationen und Meetings online durchzuführen, indem es eine einfache Möglichkeit bietet, Präsentationen zu teilen, mit Teilnehmern zu interagieren und Feedback zu sammeln. Die Plattform bietet eine Reihe von Funktionen, einschließlich der Möglichkeit, Einladungen zu senden, Anmeldeformulare zu erstellen, automatische E-Mail-Erinnerungen zu senden und mehr.

Trello

Trello ist ein Projektmanagement-Tool, das es Benutzern ermöglicht, ihre Aufgaben und Projekte visuell zu organisieren und zu verfolgen. Es nutzt ein Kartensystem, bei dem jede Karte eine bestimmte Aufgabe oder ein Projektelement darstellt. Die Karten können in verschiedene Listen eingeordnet werden, um den Fortschritt eines Projekts zu verfolgen. Benutzer können auch Notizen, Anhänge und Terminplanungen zu jeder Karte hinzufügen. Trello ist ein cloudbasiertes Tool, das es Benutzern ermöglicht, von jedem Gerät aus auf ihre Projekte zuzugreifen.

Zapier

Zapier ist ein Web-basiertes Automatisierungstool, das es Benutzern ermöglicht, Aufgaben und Prozesse zwischen verschiedenen Online-Apps und Diensten zu verbinden, um Zeit und Mühe bei der Durchführung wiederkehrender Aufgaben zu sparen. Es bietet eine benutzerfreundliche Plattform, auf der Benutzer komplexe Workflows automatisieren können, indem sie einfache „Zaps" erstellen, die bestimmte Aktionen in einer App auslösen, wenn bestimmte Bedingungen erfüllt sind. Mit Zapier können Benutzer beispielsweise E-Mails automatisch in einer Tod-Do-Liste speichern, Daten aus einer Formular-App in eine Tabellenkalkulation importieren oder neue Kontakte in einer CRM-App hinzufügen, wenn sie in einer E-Mail-Marketing-Plattform eingetragen werden.

DropBox für Unternehmen

Dropbox für Unternehmen ist eine spezielle Version des beliebten Cloud-Speicherdienstes Dropbox, die für den Einsatz in Unternehmen entwickelt wurde. Es bietet erweiterte Funktionen wie sichere Teilung und Zusammenarbeit, erweiterte Kontrolle und Verwaltung, Integrationsmöglichkeiten mit anderen Geschäftsanwendungen sowie erweiterte Sicherheits- und Compliance-Funktionen. Dies macht es zu einer praktischen Lösung für Unternehmen, die ihre Dateien sicher speichern und gemeinsam nutzen möchten.

Google Text & Tabellen

Google Text und Tabellen ist ein Teil von Google Workspace (früher bekannt als G Suite), einer Sammlung von Produktivitäts- und Kommunikationstools für Unternehmen. Google Text und Tabellen ist ein Online-Textverarbeitungs- und Tabellenkalkulationsprogramm, das eine einfache und kollaborative Möglichkeit bietet, Dokumente zu erstellen, zu bearbeiten und zu teilen. Es unterstützt die Zusammenarbeit von mehreren Benutzern in Echtzeit und bietet auch Funktionen wie automatisches Speichern, Versionen-Management und Freigabe-Optionen. Mit Google Text und Tabellen können Unternehmen ihre Produktivität und Effizienz steigern, indem sie die Kommunikation und Zusammenarbeit ihrer Mitarbeiter verbessern.

Google Kalender

Google Kalender für Unternehmen ist eine Online-Kalender- und Zeitplanungs-Software, die Teil des Google Workspace (früher bekannt als G Suite) Angebots ist. Es ist ein effektives Werkzeug für die Zusammenarbeit von Teams und die Organisation von Meetings, Veranstaltungen, Aufgaben und Terminen. Mit Google Kalender können Benutzer Termine und Aufgaben erstellen, einen Überblick über ihren Zeitplan behalten und mit anderen Benutzern über eine einfache Oberfläche teilen. Außerdem bietet Google Kalender Funktionen wie Erinnerungen, Freigabe von Kalendern, Überblick über den Kalender von Teammitgliedern und Integration mit anderen Google-Tools wie Gmail und Google Drive.

HootSuite

Hootsuite ist eine Social Media Management Plattform, die es Unternehmen ermöglicht, ihre Social Media Präsenz zu verwalten und zu überwachen. Es hilft dabei, Social-Media-Aktivitäten wie Planung, Veröffentlichung und Überwachung von Beiträgen zu vereinfachen und zu zentralisieren. Hootsuite ermöglicht es Unternehmen auch, Social Media Analyse und Berichterstellung zu vereinfachen und eine bessere Übersicht über ihre Social Media Präsenz zu erhalten.

ClickUp

ClickUp ist ein Projektmanagement-Tool, das Teams dabei hilft, Aufgaben effektiv zu planen, zu verwalten und zu verfolgen. Es bietet Funktionen wie Aufgabenverwaltung, Zeitplanung, Dokumentenmanagement, Kommunikation und vieles mehr. ClickUp ist eine flexible Plattform, die es Benutzern ermöglicht, ihre Prozesse und Arbeitsabläufe an ihre spezifischen Bedürfnisse anzupassen. Es ist ein bekanntes Tool für Teams in verschiedenen Branchen, darunter Technologie, Marketing, Verkauf und mehr.

IFTTT
IFTTT ist eine Abkürzung für „If This Then That" und ist eine Plattform für automatisierte Workflows, die es Benutzern ermöglicht, Anwendungen und Dienste miteinander zu verbinden. Benutzer können einfache Regeln erstellen, die beschreiben, welche Aktionen ausgelöst werden sollen, wenn bestimmte Ereignisse eintreten (z.B. „Wenn ich einen neuen Beitrag auf Facebook veröffentliche, dann speichere eine Kopie auf Dropbox"). Mit IFTTT können Benutzer Zeit und Ressourcen sparen, indem sie Aufgaben automatisieren, die sonst manuell erledigt werden müssten.

MailChimp
Mailchimp ist ein E-Mail-Marketing-Service, mit dem Unternehmen automatisierte und personalisierte E-Mail-Kampagnen erstellen und verwalten können. Es bietet eine Vielzahl von Funktionen, darunter Listensegmentierung, Vorlagen, Tracking und Analyse. Mit Mailchimp können Unternehmen ihre Zielgruppe erreichen, die Interaktion mit ihren Kunden verbessern und ihre Marke aufbauen.

Salesforce

Salesforce ist eine Kundenbeziehungsmanagement-Software (CRM), die es Unternehmen ermöglicht, ihre Kundendaten, Geschäftsmöglichkeiten, Marketingaktivitäten, Vertriebsprozesse und Kundenservice effizient zu verwalten und zu automatisieren. Es bietet eine integrierte Plattform, mit der Unternehmen Kundenbeziehungen aufbauen, pflegen und verbessern können. Die Software bietet eine Vielzahl von Funktionen, darunter Lead-Management, Kundenbetreuung, Vertriebsprozesse, Marketing-Automatisierung und Analytics.

Dies sind nur einige der vielen Tools, die Ihnen helfen können, Ihr Online-Unternehmen zu systematisieren. Es ist wichtig zu beachten, dass die beste Wahl für Sie von Ihren spezifischen Bedürfnissen und Anforderungen abhängt.

④
Dokumentieren Sie Ihre Prozesse

Erstellen Sie SOPs

Um Ihr Unternehmen effizienter zu gestalten und einen reibungslosen Betrieb zu gewährleisten, ist es wichtig, Ihre Prozesse zu dokumentieren und Standardarbeitsanweisungen ("Standard Operation Procederes" - kurz: SOPs) zu erstellen. SOPs sind ein wesentlicher Bestandteil des Geschäftssystems und werden von erfolgreichen Unternehmen wie eingesetzt. Eines der weithin bekanntesten Unternehmen ist Mc Donald, welches für seine nahezu perfekten Standard Operating Procederes bekannt ist. SOPs erleichtern den Geschäftsablauf, vermeiden kostspielige Fehler und garantieren, dass das Unternehmen auch beim Verlust von Schlüsselpersonen weiter funktioniert.

Wie dokumentiert man seine Geschäftssysteme?

Die Bedeutung von Aufgaben für den Gesamterfolg des Unternehmens, die Art und

Weise, wie sie ausgeführt werden, und der Grund, warum sie ausgeführt werden müssen, sollten bei der Dokumentation der Geschäftssysteme und der Erstellung von Standardarbeitsanweisungen beschrieben werden.

Es ist wichtig, dass die Mitarbeiter verstehen, dass selbst scheinbar unbedeutende Aufgaben ein wichtiger Teil des Gesamtkonzepts für den Erfolg des Unternehmens sind. Der erste Entwurf jeder Verfahrensanweisung sollte folgende Angaben beinhalten:

• Die auszuführende Aufgabe und die Schritt-für-Schritt-Anleitung zur Durchführung

• Den Grund für die Durchführung der Aufgabe

• Die Bedeutung der Aufgabe für den Gesamterfolg des Unternehmens

• Eventuelle relevante Informationen oder Vorlagen, die benötigt werden, um die Aufgabe auszuführen

• Eventuelle Verantwortlichkeiten oder Rollen, die mit der Aufgabe verbunden sind.

Die Schritte bei der Erstellung einer SOP

müssen sorgfältig beschrieben werden, damit die Aufgabe erfolgreich ausgeführt werden kann. Eine einfache Methode ist es, sich vorzustellen, man führt ein Gespräch mit der Person, die die Aufgabe ausführen soll. Die Schritte des Prozesses werden von Anfang bis Ende in schriftlicher Form beschrieben. Bilder und Videos können hilfreich sein, um den Prozess zu veranschaulichen und zu verstehen.

Das Ziel ist es, die Aufgabe so detailliert wie möglich zu dokumentieren, um Verwirrung oder Fragen über den Ablauf zu vermeiden.

Namenskonventionen entwickeln

Vor dem Schreiben sollten Sie eine einheitliche Bezeichnung für die Dokumente festlegen. Dies hilft, konsistent zu bleiben und es den Mitarbeitern zu erleichtern, die richtigen Dokumente zu finden. Anfangs gibt es vielleicht nur wenige SOPs, aber im Laufe der Zeit wird Ihr Unternehmen wachsen und die Anzahl der benötigten SOPs wird dementsprechend steigen.

Was sind Namenskonventionen?

Die Benennungskonvention ist ein wichtiger

Aspekt bei der Strukturierung Ihrer Dokumente. Es geht darum, konsistent zu bleiben und schnell erkennen zu können, welches Dokument was beinhaltet.

Eine einfache und verständliche Namensgebung ist wichtig, damit das Team die Dokumente leicht finden und verwenden kann.

Vermeiden Sie unverständliche Bezeichnungen und achten Sie darauf, dass die Namenskonvention praktikabel und für alle verständlich ist.

Hier finden Sie Richtlinien, die Ihnen bei der Entwicklung einer sinnvollen Namenskonvention helfen.

• Name des Auftraggebers oder des Besitzers des SOP-Dokuments - z. B. HEIN

• Projektname - z.B. EK für Einkauf oder VW für Verwaltung

• SOP, um anzuzeigen, dass es sich um eine Standardarbeitsanweisung handelt

• Der eigentliche Arbeitsschritt - z.B. Kalkulation

• Versionsnummer - z.B. v1_0, v1_1, v2_0 Dokumentnummer - z.B. 21

Unter Verwendung dieser Richtlinien wür-
de der offizielle Name der Standardarbeitsanweisung wie folgt aussehen:

HEIN_VW_SOP_Kalkulation_v1_1_21

Bei der Planung Ihrer Standardarbeitsanweisungen ist es wichtig, sich Gedanken über ihre spätere Verwaltung zu machen. Überlegen Sie sich, wie Sie eine große
Anzahl von Dokumenten mit verschiedenen
Versionen und Kontrollstatus effektiv verwalten möchten.

Stellen Sie sicher, dass Sie sinnvolle
Konventionen etablieren und dokumentieren, damit jeder, der mit der Erstellung von
SOPs betraut ist, dieselben Standards einhal-
ten kann, um eine konsistente Dokumentation zu gewährleisten.

Schreiben Sie Ihre erste Standardarbeitsanweisung

Beim Erstellen Ihrer Standardarbeitsanweisungen müssen Sie die Perspektive der Person berücksichtigen, welche die Aufgabe
ausführen wird.

Verfahren müssen im Präsens ge-
schrieben werden, präzise Anweisungen

enthalten und auf den Punkt gebracht werden.

Die Schritte müssen logisch aufeinander aufbauen, Ausnahmen hervorgehoben und Warnungen klar gekennzeichnet werden.

Akronyme sollten erklärt und jeder Prozessschritt nummeriert werden.

Bevor Sie mit der Arbeit beginnen, müssen Sie alle Verfahrensschritte überprüfen und eine Risikoanalyse durchführen.

Nummerierung der Verfahrensschritte

Zusätzlich ist es wichtig, jeden Schritt in einer verständlichen Sprache zu beschreiben, um sicherzustellen, dass jeder Mitarbeiter die Aufgabe problemlos ausführen kann.

Verwenden Sie keine Fachbegriffe oder Akronyme, es sei denn, diese sind für die Ausführung der Aufgabe unverzichtbar. In diesem Fall sollten die Bedeutungen dieser Begriffe vor deren Verwendung erklärt werden.

Schließlich sollten Sie in Ihren SOPs auch die erforderlichen Sicherheitsvorkehrungen berücksichtigen, die bei der Durchführung der Aufgabe zu beachten sind.

Bei besonderen Vorsichtsmaßnahmen sollten Sie gegebenenfalls Hinweise und War-

nungen hervorheben, um Ihre Mitarbeiter
darauf aufmerksam zu machen.

Erstellen Sie Aktionsschritte für Ihre Prozesse

Zusätzlich sollten Sie jeden Handlungsschritt so präzise wie möglich beschreiben,
um Missverständnisse zu vermeiden. Verwenden Sie klare und einfache Sprache,
und beschränken Sie sich auf das Wesentliche. Auch die Verwendung von Bildern
oder Diagrammen kann dazu beitragen, die
Schritte eindeutiger zu beschreiben. Es ist
wichtig, dass jeder Handlungsschritt ein-
deutig verständlich ist, um sicherzustellen,
dass die Aufgabe sicher und effektiv ausgeführt wird.

Vorgehensweise bei der Erstellung von Aktionsschritten

In einem zusammenfassenden Satz sollte
das Ziel des Verfahrens beschrieben werden,
um dem Leser einen Überblick zu geben und
sicherzustellen, dass er sich auf der richtigen
Seite befindet. Der Satz sollte kurz und prä-
gnant sein.

1. Identifizieren Sie die Hauptaufgabe

Der Titel des Verfahrens sollte klar, präzise und beschreibend sein, um das Ziel des Verfahrens auf einen Blick zu vermitteln. Dies hilft dem Leser, schnell das passende Verfahren zu finden, und erleichtert ihm die Navigation.

Zudem kann es sinnvoll sein, eine eindeutige Referenznummer oder einen Code zur Identifikation des Verfahrens zu verwenden.

2. Geben Sie alle Teilschritte an

Es ist eine gute Praxis, Teilschritte zu erstellen, um die Übersicht und die Genauigkeit des Verfahrens zu verbessern. Dies hilft dem Mitarbeiter sicherzustellen, dass er alle Schritte in der richtigen Reihenfolge ausführt und keine wichtigen Schritte übersieht. Zusätzlich kann das Hinzufügen von Teilschritten dazu beitragen, dass das Verfahren einfacher und verständlicher für den Leser ist.

Erstellen Sie Teilschritte, z. B. 1.a, 1.b und 1.c. So kann der Mitarbeite erkennen, dass diese Schritte unter Schritt 1 stehen.

3. Identifizieren Sie sekundäre Aufgaben

Identifizieren Sie alle Nebenaufgaben, die im Zusammenhang mit der Hauptaufgabe oder bei komplexen Prozessen, mit weiteren Schritten, ausgeführt werden müssen. Dies verdeutlicht dem Leser, dass das Verfahren aus zwei Teilen besteht und bereitet ihn auf das vor, was als Nächstes zu tun ist.

4. Fügen Sie Warnungen und Hinweise ein
Achte Sie auf potentielle Gefahren, die dem Mitarbeiter bei der Ausführung der Aufgabe begegnen können. Bereiten Sie ihn darauf vor und geben Sie ihm Hinweise, wo er zusätzliche Informationen finden kann. Wenn bei der Umsetzung des Verfahrens gefährliche Geräte eingesetzt werden, sollte diese Gefahr durch Verwendung von Symboliken hervorgehoben werden.

5. Verwandte Informationen einbeziehen
Jedes Verfahren ist Teil eines größeren Ganzen; kein System steht für sich allein.
Fügen Sie am Ende jedes Verfahrens einen Abschnitt „Weitere Informationen" ein, in dem alle verwandten Verfahren aufgeführt sind.

Umsetzung der neuen Standardarbeitsanweisungen

Nach Abschluss der Dokumentation Ihrer Betriebssysteme ist es Zeit, diese in Ihren täglichen Arbeitsablauf zu integrieren. Bevor Sie jedoch vollständig damit beginnen, sollten Sie sicherstellen, dass jeder dokumentierte Prozess ausprobiert und getestet wurde, um zu gewährleisten, dass dieser reibungslos funktioniert.

Die Einführung neuer Systeme sollte schrittweise erfolgen, z.B. über einen Zeitraum von einer Woche oder einem Monat. Überlassen Sie es Ihren Mitarbeitern, sich an den dokumentierten Prozessen zu orientieren.

Nach Ablauf des vereinbarten Zeitraums ist es wichtig, Feedback von Mitarbeitern, Verkäufern, Lieferanten und Kunden zu sammeln. Verwenden Sie diese Rückmeldungen, um die Systeme zu optimieren und zu verbessern.

Diese Überprüfung sollte regelmäßig durchgeführt werden, um sicherzustellen, dass alle Prozesse auf dem neuesten Stand sind.

Einbeziehung der Mitarbeiter

Bei der Konstruktion und Optimierung Ihrer Geschäftsabläufe ist es von Vorteil, dass Sie Ihre Mitarbeiter aktiv einbeziehen. Diese werden die Prozesse im Alltag ausführen und somit sind ihre Meinungen und Erfahrungen von unschätzbarem Wert.

Es ist sogar empfehlenswert, Ihren Mitarbeitern den ersten Test der Abläufe zu übertragen und diese von ihnen überprüfen und verfeinern zu lassen.

Dies beschleunigt den Prozess und stärkt die Verantwortung Ihrer Mitarbeiter.

Durch die systematische Dokumentation Ihrer Geschäftsprozesse ermöglichen Sie es sich, mehr Zeit für wichtigere Aufgaben im Zusammenhang mit der Leitung Ihres Unternehmens zu gewinnen und sicherzustellen, dass alles reibungslos funktioniert, auch wenn Sie nicht vor Ort sind.

FINOM  0€

Das kostenlose
All-in-One
Geschäftskonto für
Freiberufler &
Selbständige

- ⭐ Banking
- ⭐ Rechnungsstellung
- ⭐ Buchhaltung

Einfach mit dem
Smartphone scannen

⑤
Delegieren Sie ihre Aufgaben

Outsourcing ist Trumpf

Outsourcing ist eine gute Möglichkeit für kleine Online-Unternehmen, um die gleiche Effizienz größerer Unternehmen zu erreichen.

Um erfolgreich zu sein, müssen Sie über feste Rahmenbedingungen und dokumentierte Prozesse verfügen, um ein Team von spezialisierten Freiberuflern zu beschäftigen. Diese können kleine Aspekte Ihres Unternehmens übernehmen und Sie sparen den Aufwand der Personalpflege und laufenden Kosten.

Der fünfstufige Prozess zur Suche und Einstellung eines Teammitglieds umfasst die Definition des Bedarfs, die Erstellung einer Jobbeschreibung, die Suche nach geeigneten Kandidaten, die Durchführung von Interviews und die Entscheidung für den besten Kandidaten.

Viele Arbeitgeber assoziieren mit Outsourcing eine „Wunderkind", welches alle Aufgaben übernimmt, während sich der Geschäftsinhaber entspannt.

Die Realität sieht jedoch anders aus,

denn ein Online-Geschäft kann nicht von allein funktionieren. Um erfolgreich zu sein, müssen Sie aktiv beteiligt sein und an wichtigen Entscheidungen mitwirken.

Wenn Sie denken, dass Outsourcing kompliziert sein kann, weil Sie sich um mehrere Personen kümmern müssen, sollten Sie bedenken, dass es eine kluge unternehmerische Entscheidung sein kann, besonders wenn Sie als neuer Unternehmer starten. Outsourcing kann Ihnen helfen, Projekte kosteneffizient durchzuführen, indem es von erfahrenen Leuten ausgeführt wird die wissen, was sie tun.

Folgen Sie diesen fünf Schritten bei der Suche und Besetzung eines neuen Teammitglieds, um sicherzustellen, dass Sie ein talentiertes und effektives Team aufbauen.

Erster Schritt
Identifizieren Sie
Ihre Outsourcing-Aufgabe

Um erfolgreich zu sein, müssen Sie jedes Projekt gut planen. Dazu gehört, dass Sie sich klare Ziele setzen, die Fähigkeiten bestimmen, die für die Umsetzung erforderlich sind, und das erwartete Ergebnis definieren. Auch das notwendige Fachwissen sollte berücksichtigt werden.

Durch diese Vorausplanung können Sie die richtige Person für eine bestimmte Aufgabe finden und einstellen.

Vor der Erstellung der Aufgabenbeschreibung ist es ratsam, sich mit Fragen wie dem genauen Ziel der Aufgabe, dem zu lösenden Problem, dem Umfang der Arbeit, eventuellen Fehlern bei früheren Projekten und den daraus gewonnenen Lernprozessen auseinanderzusetzen.

Verwenden Sie diese Übung, um die notwendigen Informationen zusammenzutragen.

Dadurch können Sie Konflikte vorbeugen und sicherstellen, dass Ihre Projektbeschreibung alle notwendigen Fähigkeiten und Komponenten für Ihren Freiberufler enthält.

Zweiter Schritt
Schreiben Sie
Ihre Aufgabenbeschreibung

Auf den meisten Websites für Freiberufler kann eine Aufgabenbeschreibung veröffentlicht werden, welche dann von anderen Personen angeboten werden kann. Dies geschieht durch Übermittlung eines Kostenvoranschlags und Informationen über ihre Fachkenntnisse.

Um die Vielzahl an eingegangenen

Angeboten zu sichten, kann es hilfreich sein, ein Bewertungssystem zu implementieren. Hier sind einige Ansätze, die Sie verfolgen können, um die Angebote zu beurteilen:

- Preis / Leistung
- Bewertungen auf dem Profil
- Frühere Berufserfahrung
- Kommunikationsfähigkeit

Um die besten Freiberufler anzulocken, müssen Sie eine attraktive und ansprechende Aufgabenbeschreibung schreiben.

Hier sind sieben Punkte, die Ihnen dabei helfen können, eine effektive und überzeugende Beschreibung zu erstellen, die die besten Talente ermutigt, auf Ihre Ausschreibung zu reagieren;

1. Einfügen eines spezifischen Projekttitels

Statt einen auffälligen Titel zu verwenden, sollte man eine prägnante Beschreibung der zu erledigenden Aufgabe verfassen. Zum Beispiel: „Benötige einen professionellen Übersetzer für Deutsch-Spanisch".

Der Titel sollte sich auf das wesentliche Ziel konzentrieren und nicht durch eine aufregende Schlagzeile Aufmerksamkeit erregen wollen. Man möchte Leute anziehen, die an der Arbeit interessiert sind, nicht nur weil sie Arbeit benötigen.

2. Auflistung der erforderlichen Fähigkeiten

Veröffentlichen Sie nicht nur eine allgemeine Stellenbeschreibung, wenn Sie einen qualifizierten Freiberufler suchen. Stattdessen sollten Sie die Aufgabenbeschreibung so gestalten, dass nur speziell geschulte Kandidaten in Betracht kommen und nicht nur jemand, der sich als Allrounder bezeichnet. Zum Beispiel, wenn Sie jemanden suchen, der Produktbeschreibungen erstellt, sollten Sie nach jemandem suchen, der ausreichend Erfahrung oder eine Ausbildung in Germanistik hat, um sicherzustellen, dass die Texte den Anforderungen entsprechen.

3. Bestimmte Kandidaten ausschließen

Um erfolgreich Outsourcing durchzuführen, ist es wichtig, von Anfang an klare Anforderungen zu definieren. So kann man Zeit sparen, indem man diejenigen aussortiert, die für den Job nicht geeignet sind. Zum Beispiel, wenn man einen Autor sucht, sollte man nach einem Muttersprachler fragen, um einen informellen Stil zu erreichen. Durch die Übung wird man ein besseres Gefühl für die erforderlichen Fähigkeiten entwickeln. Vermeiden Sie es, Ihre Anforderungen zu verbergen, und beschreiben Sie stattdessen genau, was Sie brauchen, um Zeit und Energie sowohl Ihrerseits als auch des Freiberuflers zu sparen.

4. Spezifische Parameter bereitstellen

Um eine erfolgreiche Bewerbung zu ermöglichen, muss die Projektbeschreibung sehr ausführlich sein und alle relevanten Details enthalten. Hierbei kann es sinnvoll sein, die folgenden Punkte zu berücksichtigen:

• Spezifische technische Fähigkeiten, die für die Durchführung der Arbeit erforderlich sind
• Alle Programmiersprachen
• Der Nischenmarkt für das Produkt
• Beschreibung der Zielgruppe
• Beispielprodukte und -websites Links zu Ihrer aktuellen Produktlinie
• Elemente, die Ihnen an Ihrer Konkurrenz gefallen

Eine gründliche Schilderung des Projekts und seiner Anforderungen hilft, ungeeignete Freelancer zu identifizieren. Eine ausführliche Darstellung der Aufgaben stellt sicher, dass die Interessenten auf ihre Kompetenz verpflichtet sind.

5. Erstellen Sie eine private Beschreibung

Wenn die zu vergebene Aufgabe vertrauliche Informationen beinhaltet, ist es wichtig, dass Sie in Ihrer Projektbeschreibung vorsichtig sind. Verfassen Sie eine allgemeine Beschreibung und teilen Sie den Bewerbern mit, dass Sie ihnen weitere Informationen erst nach Unterzeichnung einer Geheimhaltungsvereinbarung mitteilen werden. So schützen Sie Ihr Unternehmen und seine Informationen.

6. Erklärung zum Plagiat einfügen

Um sicherzustellen, dass Sie keine duplizierten Inhalte erhalten, ist es von großer Bedeutung, eine Null-Toleranz-Politik für Plagiate in der Aufgabenbeschreibung festzulegen. Stellen Sie klar, dass jeder Inhalt überprüft werden wird, um sicherzustellen, dass er einzigartig ist. Überlegen Sie sich, eine Plagiatsprüfungsseite wie Copyscape zu verwenden, um sicherzustellen, dass die erstellten Inhalte nicht aus anderen Quellen übernommen wurden.

Copyscape ist ein Online-Plagiat-Detektionswerkzeug, das es Benutzern ermöglicht, den Inhalt ihrer Websites, Artikel und andere Texte auf Plagiate zu überprüfen. Es vergleicht den Inhalt mit anderen verfügbaren Online-Inhalten und zeigt übereinstimmende Abschnitte an, um potenzielle Plagiate aufzudecken. Copyscape wird häufig von Autoren, Verlegern, Webseiten-Inhabern

und anderen verwendet, die den Originali-
tätsstatus ihres Inhalts überprüfen möchten.

7. Einbetten einer Codephrase

Eine Person, die auf Details achtet, ist unverzichtbar für das Unternehmen. Um sicherzustellen, dass potenzielle Freiberufler darauf
achten, kann man einen „Code-Satz" in die
Stellenbeschreibung einfügen. Indem man
dieses Detail am Anfang der Bewerbung
abfragt, kann man sicherstellen, dass die
Bewerber aufmerksam und detailorientiert
sind.

Dritter Schritt
Unqualifizierte
Angebote ausschließen

Ein einfacher Weg, um ungeeignete Bewerber schnell zu identifizieren, ist das Einfügen
von Fragen oder Aufgaben in die Stellenbeschreibung, die nur qualifizierte Bewerber
beantworten oder erfüllen können. Dies
kann eine spezifische Frage zu ihren Fähigkeiten oder eine Aufgabe sein, die sie ausführen müssen, um ihre Qualifikationen
zu beweisen. Durch das Überprüfen dieser
Antworten oder Aufgaben können Sie Zeit
sparen und nur mit den bestqualifizierten
Bewerbern weitermachen.

•Verwenden Sie einen systematischen Ansatz, um die Angebote zu überprüfen und unqualifizierte Bewerber auszuschließen.

•Überprüfen Sie ob die Angebote den „Code-Satz" enthalten.

•Überprüfen Sie, ob die Bewerber Beispiele für ähnliche Projekte bereitstellen.

•Überprüfen Sie den beruflichen Werdegang der Bewerber.

•Überprüfen Sie die Bewertungen der Bewerber und achten Sie auf eine Bewertung von mindestens 4,5 oder besser.

•Stellen Sie sicher, dass die Bewerber die benötigten Fähigkeiten besitzen.

Diese Regeln können Ihnen helfen, unqualifizierte Freiberufler schnell auszuschließen. Vergessen Sie nicht, dass Sie zu diesem Zeitpunkt vorrangig daran interessiert sind, Freiberufler auszuschließen, die nicht für das Projekt geeignet sind, und nicht die Kosten zu berücksichtigen.

Vierter Schritt
Wählen Sie 3 bis 5 qualifizierte Kandidaten aus

Nachdem Sie unqualifizierte Freelancer durch die Anwendung der fünf Regeln ausgeschlossen haben, ist es an der Zeit, Ihre Auswahl auf eine kleinere Gruppe von qualifizierten Freelancern zu beschränken.

Dazu sollten Sie jedes Angebot gründlich prüfen und entscheiden, welcher Freelancer am besten für Ihr Projekt geeignet ist.

Dies kann eine herausfordernde Aufgabe sein, da Sie jetzt eine Liste von exzellenten Freelancern vor sich haben, aber es ist wichtig, sicherzustellen, dass Sie den besten Kandidaten für Ihr Projekt auswählen.

Um die Auswahl wieder einzugrenzen, sollten Sie die folgenden Kriterien berücksichtigen.

Der Angebotspreis

Es ist wichtig, den Preis jedes Angebots zu berücksichtigen, aber er sollte nicht das einzige Kriterium sein, nach dem Sie entscheiden. Überprüfen Sie auch die Referenzen und Bewertungen des Freiberuflers sowie dessen Erfahrung und Fähigkeiten, um sicherzustellen, dass Sie den besten Kandidaten für das Projekt auswählen. Wählen Sie einen Freiberufler, der nicht nur einen angemessenen Preis bietet, sondern auch über die erforderlichen Fähigkeiten und eine gute Leistungsbilanz verfügt.

Unternehmen vs. Einzelpersonen

Unternehmen haben oft mehr Ressourcen und Personal, aber sie können auch höhere Kosten und eine höhere Managementkomplexität haben. Einzelpersonen haben häufig eine engere Fokussierung und sind flexibler, aber es kann auch schwieriger sein, ihre Fähigkeiten und Referenzen zu überprüfen. Es ist wichtig, bei der Entscheidung, ob Sie einem Unternehmen oder einer Einzelperson den Vorzug geben, eine gründliche Analyse beider Optionen vorzunehmen, um sicherzustellen, dass Sie den besten Kandidaten für Ihr Projekt auswählen.

Personalisierung

Bei der Durchsicht der Angebote sollten Sie nach Freiberuflern suchen, die ein echtes Interesse an der Arbeit an Ihrem Projekt zu haben scheinen und eine personalisierte Antwort gegeben haben.

Außerdem sollten Sie darauf achten, ob der Freelancer die Anforderungen Ihres Projekts versteht und konkrete Lösungen anbietet, um Ihre Ziele zu erreichen.

Eine personalisierte Antwort zeigt, dass der Freelancer sich die Zeit genommen hat, Ihr Projekt zu verstehen und eine spezifische Antwort zu geben. Es ist wichtig, Freelancer auszuwählen, die auf Ihre individuellen Bedürfnisse eingehen und bereit sind, sich aktiv an Ihrem Projekt zu beteiligen.

Projektbeispiele

Überprüfen Sie immer die Arbeitsbeispiele des Freelancers, die er mit seinem Angebot bereitstellt. Diese Beispiele können einen Artikel, eine App, ein Bild oder eine Website sein, die er gestaltet hat. Einige Freelancer fügen auch direkt Beispiele ihrer vorherigen Arbeit an ihr Angebot an. Überprüfen Sie diese Beispiele genau, um zu sehen, ob sie Ihren Erwartungen entsprechen.

Frühere Feedback-Bewertungen

Wenn Sie auf die Bewertungen jedes verbleibenden Freiberuflers klicken, können Sie seine frühere Leistung beurteilen. Beachten Sie jedoch, dass eine hohe Bewertung nicht unbedingt bedeutet, dass der Freiberufler über die erforderlichen Fähigkeiten und Erfahrungen für Ihr Projekt verfügt. Überprüfen Sie daher sorgfältig, ob er über entsprechende Arbeitserfahrung verfügt, bevor Sie ihn auswählen.

Zeitleiste

Vermeiden Sie Angebote, bei denen das voraussichtliche Fertigstellungsdatum über dem normalen Zeitrahmen liegt. Überprüfen Sie die angegebenen Liefertermine in jedem Angebot, um sicherzustellen, dass der Freiberufler in der Lage ist, das Projekt rechtzeitig abzuschließen. Auch die erfahrensten Freelancer können eine Verschwendung von Geld sein, wenn sie es nicht schaffen, das Projekt rechtzeitig zu beenden.

Mit einer gründlichen Überprüfung nach diesen Regeln können Sie den Kreis potenzieller Bewerber einschränken. Es ist wichtig, diesen Prozess mehrmals zu wiederholen, um sicherzustellen, dass Sie die besten Kandidaten für Ihr Projekt finden. Wenn Sie eine Liste qualifizierter Freiberufler zusammengestellt haben, können Sie mit der Auswahl des besten für Ihr Projekt weitermachen.

Fünfter Schritt
Wählen Sie den am besten qualifizierten Freiberufler

Wenn Sie eine endgültige Entscheidung treffen möchten, sollten Sie die Kandidaten, die Sie ausgewählt haben, noch einmal gründlich überprüfen. Stellen Sie sicher, dass sie alle für die Arbeit an Ihrem Projekt qualifiziert sind und entscheiden Sie, welcher die beste Wahl für die jeweilige Aufgabe ist. Hier ein paar Tipps, um Ihnen bei der Entscheidungsfindung zu helfen:

Erstellen Sie einen kleinen Test

Um die Fähigkeiten der Bewerber zu testen, können Sie eine kleine Aufgabe erteilen. Diese Aufgabe sollte ihre Fähigkeiten in Bezug auf Pünktlichkeit und Detailgenauigkeit bewerten. Durch das Durchführen eines solchen Tests können Sie herausfinden, wie schnell und präzise die Bewerber arbeiten. Hier sind einige Vorschläge, wie Sie einen solchen Test erstellen können.

• Fordern Sie eine kurze Zusammenfassung des Projekts, an dem sie arbeiten möchten.

• Bitten Sie sie, ein Beispiel für ihre Arbeitsabläufe zu liefern.

• Fragen Sie nach ihrer Verfügbarkeit für Projektbesprechungen.

• Bitten Sie sie um Referenzen oder Empfehlungen von früheren Kunden.

Durch diesen einfachen Test können Sie die Fähigkeiten des Bewerbers in Bezug auf Pünktlichkeit und Aufgabenerfüllung beurteilen. Diese beiden Eigenschaften sind entscheidend für den Erfolg Ihres Projekts. Stellen Sie sicher, dass Sie genügend Zeit einplanen, um die Antworten aller Bewerber zu überprüfen. Entfernen Sie jeden Bewerber, der sich nicht an die von Ihnen gestellten Anforderungen hält oder zu lange braucht, um die Aufgabe zu erfüllen. So stellen Sie sicher, dass Sie mit dem besten Freiberufler für Ihr Projekt arbeiten.

Ein kleines Projekt

Es ist wichtig, dass Sie ein klares und genau definiertes Ziel für dieses kleine Projekt haben. Stellen Sie sicher, dass jeder Bewerber den gleichen Satz von Anweisungen und Anforderungen erhält, damit Sie eine faire Vergleichsmöglichkeit haben. Überprüfen Sie die Arbeit jedes Bewerbers sorgfältig, um zu sehen, wie gut er mit der Aufgabe zurechtkommt und ob er in der Lage ist, Ihren Anforderungen gerecht zu werden. Auf diese Weise können Sie die beste Entscheidung für Ihr Projekt treffen und einen qualifizierten Freiberufler auswählen, dem Sie vertrauen können.

Referenzen prüfen

Achten Sie darauf, nicht nur nach positiven Dingen zu fragen, sondern auch nach möglichen Schwierigkeiten, die während des Projekts aufgetreten sind und wie sie von dem Freiberufler gelöst wurden. Referenzen können ein wichtiger Indikator für die Zuverlässigkeit und den Arbeitsstil eines Freiberuflers sein. Überprüfen Sie auch die Referenzen, um sicherzustellen, dass sie echt sind und dass die Freiberufler tatsächlich die Arbeiten für diese Kunden ausgeführt haben.

Es ist wichtig, viele Informationen über einen Freiberufler zu sammeln, bevor Sie ihn beauftragen. Sprechen Sie mit früheren Kunden über ihre Arbeitsleistung und holen Sie Feedback ein. Vermeiden Sie es nicht, ausführliches Feedback über einen bestimmten Kandidaten zu erhalten, da diese Person möglicherweise ein wichtiger Teil Ihres Unternehmens werden wird.

Durch die Überprüfung dieser Faktoren können Sie den idealen Freiberufler identifizieren, der Ihren Anforderungen entspricht.

Vertrauen Sie Ihren Intuitionen, wenn es um die endgültige Entscheidung geht. Wenn einer der Freiberufler für Sie besser geeignet erscheint als die anderen, sollten Sie ihm den Auftrag geben. Einmal die Entscheidung getroffen, legen Sie die Details in einem Vertrag fest und arbeiten Sie gemeinsam an der Umsetzung Ihres Projekts.

Die Beschäftigung qualifizierter Freiberufler, um bei der Dokumentbearbeitung zu unterstützen, ist ein wichtiger Faktor für den Aufbau eines erfolgreichen Unternehmens. Verwenden Sie die oben genannten Tipps, um die besten Bewerber zu finden und Ihre Chancen auf eine erfolgreiche Zusammenarbeit zu erhöhen.

FINOM

Das kostenlose All-in-One Geschäftskonto für Freiberufler & Selbständige

* Banking
* Rechnungsstellung
* Buchhaltung

Einfach mit dem
Smartphone scannen

⑥
Automatisierungs-werkzeuge

Tools für die Systematisierung

Die Automatisierung von einfachen Geschäftstätigkeiten, wie dem Posten auf Social-Media-Konten, kann Zeitersparnis von 10-15% bringen. Die Geschäftsautomatisierung verbessert die Leistung eines Unternehmens. Mit der richtigen Softwarelösung kann ein kleines Unternehmen Standardaufgaben automatisieren und so die Effizienz steigern. Hier sind einige empfehlenswerte Automatisierungstools für eine systematische Geschäftsführung.

Flow

Flow ist ein cloudbasiertes Automatisierungstool, das es Benutzern ermöglicht, Geschäftsprozesse und Workflows zu automatisieren. Es bietet eine visuelle Plattform für die Erstellung von Prozessabläufen, die aus einer Kombination von Aktionen, Bedingungen und Entscheidungen bestehen. Flow kann mit anderen Microsoft-Produkten integriert werden und erleichtert es Benutzern, bestimmte Aufgaben schnell und einfach zu automatisieren.

Pipedrive

Pipedrive ist ein Customer Relationship Management (CRM) -System, das speziell für kleine und mittelständische Unternehmen entwickelt wurde. Es bietet eine visuelle Verkaufsverfolgung, die es Benutzern ermöglicht, ihre Verkaufsprozesse und -pipelines zu visualisieren und zu verwalten. Mit Pipedrive können Verkäufer ihre Kontakte, Angebote, Aufgaben und Termine organisieren und überwachen, um eine bessere Übersicht über ihre Verkaufsaktivitäten zu erhalten. Darüber hinaus bietet es eine E-Mail-Integration, um die Kommunikation mit Kunden und Interessenten zu vereinfachen.

mHelpdesk

mHelpdesk ist eine Cloud-basierte Service-Management-Software, die Unternehmen dabei hilft, Kundenanfragen effizient zu verwalten. Die Software bietet Funktionen wie Echtzeit-Überwachung, automatisierte E-Mail-Benachrichtigungen, Kundenportale, mobile App und integrierte Finanzberichte. Mit mHelpdesk können Unternehmen die Kundenbetreuung verbessern und gleichzeitig Zeit und Kosten sparen.

Hubsot

HubSpot ist eine integrierte Softwareplattform für Marketing, Vertrieb und Kundenservice. Es hilft Unternehmen, ihre Online-Präsenz und Kundenbeziehungen zu verbessern. Es bietet eine Reihe von Tools für Inbound-Marketing, soziale Medien, Suchmaschinenoptimierung (SEO), Landingpages, E-Mail-Marketing und Leadmanagement. Darüber hinaus bietet es auch Funktionen für die Verwaltung von Kundenbeziehungen (CRM) und die Organisation von Vertrieben. HubSpot ist ein einheitliches System, das es Unternehmen ermöglicht, eine umfassende Sicht auf ihre Kunden zu erhalten und dadurch personalisierte Erlebnisse bereitzustellen.

QuickBooks

QuickBooks ist eine Finanzbuchhaltungs-Software für kleine und mittelständische Unternehmen. Es bietet Funktionen wie Rechnungsstellung, Überwachung der Finanzen, Ausgabenverwaltung und Zeiterfassung. Die Software ist intuitiv und einfach zu bedienen und ermöglicht es Unternehmen, ihre Finanzen zu organisieren und zu verwalten.

Lexxoffice

Lexxoffice ist eine Buchhaltungssoftware, die speziell für kleine und mittelständische Unternehmen entwickelt wurde. Es bietet eine Vielzahl von Funktionen, einschließlich Rechnungserstellung, Finanzbuchhaltung, Lohnbuchhaltung und mehr. Mit Lexxoffice können Unternehmen ihre Finanzen effizient und sicher verwalten, indem sie Rechnungen, Bankbuchungen, Umsatzsteuervoranmeldungen und andere Finanzdokumente automatisch erfassen und organisieren.

Xero

Xero ist eine Cloud-basierte Buchhaltungssoftware, die für kleine und mittelständische Unternehmen entwickelt wurde. Es ermöglicht es Benutzern, ihre Finanzen, Rechnungen, Bankkonten und Lohnbuchhaltung online zu verwalten und zu überwachen. Xero bietet auch Zusammenarbeitstools für Buchhaltung und Finanzen, einschließlich Integrationsmöglichkeiten mit anderen Geschäftsanwendungen und einer mobilen App für den Zugriff unterwegs.

Zoho

Zoho bietet eine breite Palette an Cloud-basierten Geschäftsanwendungen an, darunter CRM, Finanzbuchhaltung, Projektmanagement, E-Mail-Marketing, Helpdesk, Human

Ressources und mehr. Die Zoho-Suite ist für kleine und mittelständische Unternehmen konzipiert und bietet integrierte und skalierbare Lösungen, die einfach zu nutzen und zu verwalten sind. Zoho strebt danach, Unternehmen in allen Aspekten ihres Geschäfts zu unterstützen, um ihre Effizienz und Produktivität zu steigern.

Monday.com

Monday.com ist ein Projektmanagement- und Workflow-Automatisierungstool, das es Unternehmen ermöglicht, Projekte zu planen, zu verfolgen und zu organisieren. Es bietet Funktionen wie z.B. Aufgabenmanagement, Zeitplanung, Zusammenarbeit, Ressourcenmanagement und Projektbereitstellung. Monday.com ist eine benutzerfreundliche Plattform, die es Teams ermöglicht, effektiver zusammenzuarbeiten und ihre Projekte erfolgreich abzuschließen.

Toggle

Toggle ist ein Projektmanagement- und Zeiterfassungstool, das Unternehmen bei der Verwaltung ihrer Projekte und Aufgaben unterstützt. Es ermöglicht es Teams, ihre Projektfortschritte zu verfolgen, Aufgaben und Deadlines zu verwalten, Zeitaufwände und Kosten zu erfassen und die Zusammenarbeit und Kommunikation zu verbessern.

Toggle bietet eine einfache, intuitiv bedienbare Oberfläche und eine umfassende Reihe von Funktionen, die es Unternehmen ermöglichen, ihre Projekte effizienter und erfolgreicher zu verwalten.

FreshBooks

FreshBooks ist eine Cloud-basierte Buchhaltungs- und Rechnungsstellungssoftware. Es richtet sich hauptsächlich an kleine und mittelständische Unternehmen, Freelancer und Selbstständige. Es bietet Funktionen wie Rechnungserstellung, Zeiterfassung, Projektmanagement, Zahlungsverfolgung und Finanzberichte. Mit FreshBooks können Benutzer ihre Finanzen organisieren, Zeit sparen und ihre Kunden besser betreuen, indem sie Rechnungen, Projekte und Zahlungen einfach verwalten und nachverfolgen können.

Harvest

Harvest ist ein Online-Zeiterfassungs- und Projektmanagement-Tool, das von Unternehmen und Freiberuflern genutzt wird, um die Arbeitszeiten ihrer Mitarbeiter zu verfolgen und zu verwalten. Es ermöglicht es Benutzern, ihre Arbeitszeit zu erfassen, Projekte und Aufgaben zu verfolgen und Rechnungen automatisch zu generieren. Harvest bietet auch integrierte Projektmanagement-

Tools, mit denen Benutzer ihre Projekte planen und verfolgen können. Es ist einfach zu bedienen und bietet eine benutzerfreundliche Schnittstelle sowie eine Vielzahl von Integrationsoptionen.

⑦
Skalieren Sie
Ihr Unternehmen

Der Weg nach oben

Nun, da Sie Ihr Online-Geschäft ordentlich organisiert haben und die richtigen Mitarbeiter für wichtige Aufgaben eingestellt haben, ist es an der Zeit, den Ausbau Ihres Unternehmens in Angriff zu nehmen. Eine gut geordnete Geschäftstätigkeit bietet Ihnen die Freiheit, Ihre eigenen Fähigkeiten zu nutzen, um das Geschäft in den Bereichen zu erweitern, in denen Sie ein Experte sind. Es ist ein gängiger Irrglaube, dass es ausreicht, als Experte in einem bestimmten Bereich zu agieren, um ein erfolgreiches Online-Geschäft zu gründen und zu führen. Talent alleine reicht jedoch nicht aus.

Anders als andere Online-Unternehmer, die sich mit einer Vielzahl an Aufgaben gleichzeitig konfrontiert sehen und sich schnell überfordert fühlen, haben Sie einen wichtigen Vorteil: Sie können auf ein zuverlässiges System zurückgreifen, das Sie von der Notwendigkeit befreit, sich um jede kleine Aufgabe persönlich zu kümmern. Dadurch können Sie sich voll und ganz auf Ihre Fähigkeiten und Talente konzentrieren, um

Ihr Geschäft weiter auszubauen.

Die Herausforderung bei der Skalierung Ihres Online-Unternehmens kann aus der Überforderung mit den täglichen Aufgaben resultieren. Es kann schwierig sein, Zeit zu finden, um sich auf die Skalierung Ihres Geschäfts zu konzentrieren. Doch mit einer guten Vorbereitung und Planung kann der Prozess reibungslos und ohne Stress durchgeführt werden. Strukturieren Sie Ihr Geschäft und legen Sie eine solide Grundlage, bevor Sie mit der Skalierung beginnen.

Den richtigen Strategieplan erstellen

Ein gut ausgearbeiteter Strategieplan ist von großer Bedeutung, um das Wachstum Ihres Unternehmens zu fördern. Er dient als Leitfaden, der Ihnen hilft, den Fokus auf die wichtigsten Ziele und Schritte zu richten, um eine starke Marktposition zu erreichen. Der Plan ermöglicht es Ihnen auch, Prioritäten zu setzen und Ressourcen effizient zu nutzen. Durch die Einbindung aller Teammitglieder in den Plan kann eine gemeinsame Ausrichtung und Zusammenarbeit erreicht werden, was zu einem erfolgreicheren Geschäftsbetrieb beiträgt.

Es hilft Ihnen, den Fokus auf die Vorteile zu richten, die Sie und Ihr Team aus dem erfolgreichen Abschluss Ihres Zieles ziehen werden. Dies kann Ihnen und Ihrem Team eine Motivation bieten, hart zu arbeiten und den Strategieplan erfolgreich umzusetzen. Diese drei Fragen bilden die Grundlage für Ihren Strategieplan und helfen Ihnen, Ihre Ziele und Ihre Vision für das Unternehmen klarer zu definieren:

•Warum ist Ihr Unternehmen im Geschäft? Diese erste Frage trifft den Kern dessen, warum Sie überhaupt dieses Business betreiben.

•Was ist Ihr einziges Ziel? Sie müssen über das eine Ziel nachdenken, für das Sie alle Ressourcen Ihres Unternehmens mobilisieren, um es in den nächsten drei bis fünf Jahren zu erreichen.

•Was springt für Sie und Ihr Team dabei heraus?

Der Prozess der Erstellung eines strategischen Plans ist ein fortwährender, da Sie ständig darum bemüht sind, Ihr Unternehmen zu optimieren und zu verbessern. Einmal im Quartal sollten Sie Ihren Plan überarbeiten und Ihre nächsten 90 Tage planen. Wählen Sie Ihre drei wichtigsten strategischen Schwerpunkte aus und erstellen Sie einen einfachen, einseitigen Plan, der die konkreten Schritte beschreibt, die Sie in diesem Zeitraum unternehmen müssen, um Ihr Unternehmen zu fördern und zu entwickeln. Diese Vorgehensweise ist wirksam, weil sie Sie dazu zwingt, Ihr Unternehmen alle drei Monate neu zu betrachten, während es Ihrem Team gleichzeitig die Chance gibt, sich intensiv mit der Umsetzung bedeutender Fortschritte in den wichtigsten Bereichen Ihres Unternehmens zu beschäftigen.

Wenn diese 90-Tage-Sprints gut geplant und durchgeführt werden, wird Ihr Unternehmen von regelmäßigen Möglichkeiten zur Anpassung an die Marktanforderungen profitieren.

Effektivität mit Buchhaltung messen

Das Buchhaltungssystem Ihres Unternehmens dient als das zentrale System und spielt eine entscheidende Rolle in der Effizienzsteigerung und der Erreichung Ihrer Ziele. Es sammelt alle relevanten Daten und verarbeitet sie, um Ihnen wichtige strategische Informationen zur Verfügung zu stellen. So können Sie das Wachstum und die Rentabilität Ihres Unternehmens steigern. Viele kleine Unternehmen betrachten Buchhaltung lediglich als Mittel zur Bezahlung von Rechnungen, Abgleich der Bank, Erstellung von Rechnungen und Schreiben von Steuererklärungen. Dabei bietet es jedoch unzählige Möglichkeiten zur Erfassung wertvoller Geschäftsinformationen.

Ein effizientes Buchhaltungssystem ist unverzichtbar für den Erfolg Ihres Unternehmens. Es dient als zentrales Nervensystem und sammelt Daten über alle Geschäftstätigkeiten. Die Analyse dieser Informationen liefert wertvolle Einblicke in die Stärken und Schwächen Ihres Unternehmens, die als Grundlage für strategische Entscheidungen dienen. Um das Potenzial Ihres Unternehmens voll auszuschöpfen, ist es wichtig, eine systematische Vorgehensweise zu verfolgen und die finanzielle Kontrolle zu erlangen. Durch die richtige Führung Ihres Unternehmens kann es nicht nur profitabel werden, sondern auch den Stakeholdern Gewinn bringen und Ihnen wirtschaftliche und persönliche Freiheit bieten.

Fokus auf Vertrieb und Marketing

Um erfolgreich im Vertrieb und Marketing zu sein, sollten Sie eine klare Zielgruppe definieren und Ihre Angebote darauf ausrichten. Verstehen Sie, was Ihre Zielkunden wünschen und brauchen, und nutzen Sie die richtigen Kommunikationskanäle, um sie zu erreichen. Verwenden Sie Daten und Analyse, um Ihre Strategien zu optimieren und ständig zu verbessern. Vergessen Sie nicht, Ihre Kunden auch nach dem Verkauf zu pflegen, um eine loyale Kundenbasis aufzubauen. Zusammenfassend ist es wichtig, eine ausgewogene Balance zwischen Ihren Verkaufs- und Marketingbemühungen und der Effizienz Ihres Systems und Ihres Teams zu finden, um das Wachstum und den Erfolg Ihres Unternehmens zu gewährleisten.

Viele Kleinunternehmer konzentrieren sich zu sehr auf den Verkauf und das Marketing. Obwohl sie sich von dem Gedanken des Verkaufs eingeschüchtert fühlen können, ist es entscheidend, einen großen Teil ihrer Energie darauf zu verwenden, gewinnbringende Verkäufe zu tätigen, um erfolgreich zu sein.

Ohne dies wird das Unternehmen nicht prosperieren oder sogar überleben können.

Zu Beginn ihrer Tätigkeit als Kleinunternehmer sollte man sich auf den Abschluss von Verkäufen konzentrieren, was normalerweise bedeutet, dass man direkt mit Kunden Kontakt aufnimmt und Geschäfte direkt abschließt. Wenn man das Unternehmen skalieren möchte, ist es notwendig, sich auf die Schaffung wiederholbarer und skalierbarer Verkaufssysteme zu konzentrieren, die nicht von einem selbst abhängen. Hierbei kann es um die Entwicklung von Werbekampagnen gehen, die Leads generieren, oder darum, neue Vertriebsmitarbeiter einzustellen und zu schulen, um Geschäfte abzuschließen, oder schließlich darum, einen Vertriebs- und Marketingmanager einzustellen, der diese Aufgaben übernimmt.

Um eine Vertriebs- und Marketingabteilung aufzubauen müssen die folgenden Systeme in Ihre Wachstumsstrategie einbezogen werden.

•Lead-Generierungssysteme, die durchgängig das Lead-Volumen generieren können, das für den Verkauf benötigt wird.

•Lead-Conversion-Systeme für die konsequente Umwandlung von Leads in zahlende Kunden.

•Verfolgungs- und Berichterstattungssysteme zur Messung der Wirksamkeit Ihrer Marketing- und Verkaufsanstrengungen. So können Sie Ihr Verkaufssystem im Laufe der Zeit optimieren.

Die Erfassung Ihrer Erfolge ist ein wichtiger Aspekt bei der Skalierung Ihres Geschäfts. Hierfür kann man einfache Tabellen erstellen, die aufzeigen, was gut funktioniert und was nicht. Mit den gesammelten Zahlen kann man dann die effektivsten Lead-Generatoren und die besten Verkäufer für bestehende Kunden identifizieren und in deren Ausweitung investieren.

Um die Vertriebs- und Marketingbemühungen zu skalieren, ist es wichtig, die aufwendigsten Schwächen bei der Lead-Generierung im Unternehmen zu erkennen. Eine Überprüfungsliste kann bei der Bewertung der Herausforderungen bei der Lead-Generierung helfen.

•Sie haben nicht genügend Leads, an die Sie verkaufen können, oder Ihre Lead-Generierung ist unregelmäßig, und Sie haben keinen konsistenten Lead-Strom, auf den Sie sich verlassen können.

•Sie haben kein System zur Organisation und Pflege Ihrer Kontakte.

•Sie verfügen nicht über ein strukturiertes Lead-Scoring-System.

•Sie verfolgen Ihre Bemühungen zur Lead-Generierung nicht systematisch. Sie haben kein System, um Leads zu generieren.

•Ihre derzeitigen Lead-Generierungsprozesse sind nicht skalierbar.

•Ihre derzeitigen Kosten pro Lead sind zu hoch.

•Ihre Führungsqualität ist zu schwach.

•Sie haben eine Menge Ideen zur Lead-Generierung, aber Sie sind nicht in der Lage, sie effektiv umzusetzen.

•Ihr Marketing ist zu sehr von Ihnen abhängig.

Überprüfen Sie alle Schwierigkeiten, mit denen Ihr Unternehmen momentan konfrontiert ist, und kennzeichnen Sie diese. Falls Sie mehr als drei Punkte markieren, durchlaufen Sie die Liste noch einmal und konzentrieren Sie sich auf den Bereich, der Ihrem Unternehmen am meisten Probleme bereitet. Dies sollte Ihre oberste Priorität sein.

Fünf Schritte zum Aufbau eines grundlegenden Lead-Generierungssystems

Der Aufbau eines robusten Lead-Generierungssystems ist ein wichtiger Schritt, um erfolgreich neue Kunden zu gewinnen und Verkäufe zu tätigen. Es ist jedoch nicht ausreichend, lediglich neue Verkaufstaktiken zu erlernen. Stattdessen ist es notwendig, eine systematische Vorgehensweise aufzubauen, um Ihre Lead-Generierungs- und Verkaufsbemühungen zu optimieren.

Ein Problem bei informellen Systemen in Unternehmen besteht darin, dass sie angreifbar machen. Wenn Sie krank werden oder anderweitig beschäftigt sind, kann es keine Person geben, die die grundlegenden Prozesse beherrscht. Systeme, die nur in den Köpfen der Mitarbeiter verankert sind, sind nicht skalierbar und können langfristig zu Problemen führen.

Um ein grundlegendes Lead-Generierungssystem aufzubauen, empfehlen wir Ihnen die folgenden fünf Schritte:

Definieren Sie Ihre Zielgruppe

Eine Zielgruppe für Leads zu definieren, bedeutet, eine spezifische Gruppe von potenziellen Kunden zu identifizieren, die an Ihren Produkten oder Dienstleistungen interessiert sein könnten. Um eine Zielgruppe zu definieren, können Sie Folgendes tun:

• Identifizieren Sie Ihre bestehenden Kunden: Wer sind Ihre bestehenden Kunden und welche Merkmale haben sie gemeinsam?

• Analyse Ihrer Branche: Wer sind Ihre Konkurrenten und wer sind ihre Zielgruppen?

• Befragen Sie Ihre Kunden: Stellen Sie Ihren Kunden Fragen zu ihren Bedürfnissen, Interessen und Verhaltensweisen.

• Nutzen Sie Daten: Sammeln Sie Daten wie Alter, Geschlecht, Einkommen, Bildungsstand und Standort Ihrer Zielgruppe.

• Überprüfen Sie Ihre Annahmen: Überprüfen Sie Ihre Annahmen über Ihre Zielgruppe und passen Sie sie gegebenenfalls an.

Durch die Definition Ihrer Zielgruppe können Sie Ihre Marketing- und Vertriebsbemühungen besser ausrichten und sicherstellen, dass Ihre Bemühungen auf diejenigen gerichtet sind, die am ehesten an Ihren Produkten oder Dienstleistungen interessiert sind.

Entwickeln Sie eine
Strategie zur Lead-Generierung

Ein System zur Lead-Generierung besteht aus mehreren Schritten:

• Identifizierung der Zielgruppe: Es ist wichtig zu verstehen, wer Ihre ideale Zielgruppe ist, damit Sie gezieltere Marketing- und Vertriebsstrategien entwickeln können.

• Schaffung von Inhalten: Erstellen Sie Inhalte wie Blog-Beiträge, Infografiken, eBooks und Webinare, die für Ihre Zielgruppe relevant und nützlich sind.

• Verwendung von Landing Pages: Verwenden Sie Landing Pages, um Besucher auf Ihre Website zu leiten und ihre Kontaktinformationen zu sammeln.

• Verwendung von Marketing-Automatisierungswerkzeugen: Automatisieren Sie Ihre Marketingprozesse, indem Sie Marketing-Automatisierungswerkzeuge wie E-Mail-Marketing und Marketing-Qualifikationsprozesse einsetzen.

• Messung und Optimierung: Überwachen Sie regelmäßig Ihre Lead-Generierungs-Metriken, um zu verstehen, was funktioniert und was nicht. Analysieren Sie die Daten und optimieren Sie Ihre Strategie entsprechend.

Indem Sie diese Schritte befolgen, können Sie ein effektives System zur Lead-Generierung aufbauen, das Ihnen hilft, mehr potenzielle Kunden zu erreichen und Ihre Verkaufszahlen zu steigern.

Integrieren Sie Automatisierungstools
Automatisierungstools für Leadgenerierung können eine Vielzahl von Vorteilen bieten, einschließlich:

•Effizienzsteigerung: Automatisierungstools können zeitaufwändige Aufgaben wie das Verfolgen von Leads, das Senden von E-Mails und die Verwaltung von Kontaktinformationen automatisieren, was Zeit und Energie spart.

•Erhöhte Präzision: Automatisierungstools ermöglichen es, dass Marketing- und Vertriebsaktivitäten genau geplant und ausgeführt werden, was die Chance auf Fehler minimiert.

•Personalisierte Kommunikation: Automatisierungstools können E-Mail- und Marketingkampagnen personalisieren, indem sie relevante Informationen zu einzelnen Leads nutzen.

•Steigerung der Konversionsrate: Durch personalisierte und automatisierte Kommunikation wird die Chance auf erfolgreiche Verkaufsabschlüsse erhöht.

•Datenanalyse: Automatisierungstools sammeln und speichern Informationen über Leads, was es ermöglicht, Trends und Muster zu identifizieren und bessere Entscheidungen zu treffen.

•Skalierbarkeit: Automatisierungstools können einfach skaliert werden, um größere Mengen an Leads zu verarbeiten, was besonders für wachsende Unternehmen von Vorteil ist.

Überwachen und verbessern Sie Ihre Leistung

Um die Leistung von Lead-Generierungstools zu überwachen, gibt es verschiedene Methoden. Hier sind einige Vorschläge:

•Tracken von Metriken: Überwachen Sie wichtige Metriken wie die Anzahl der generierten Leads, die Conversion-Rate und die Kosten pro Lead. Diese Metriken können Ihnen helfen, die Effizienz Ihrer Lead-Generierungsbemühungen zu beurteilen.

• Analyse von Kampagnen: Überwachen Sie die Leistung von Einzelkampagnen, um zu sehen, welche Kampagnen die besten Leads generieren. Verwenden Sie A/B-Tests, um verschiedene Ansätze zu vergleichen und die besten Praktiken zu identifizieren.

• Kundenfeedback: Holen Sie sich Feedback von Ihren Kunden, um zu verstehen, wie Ihre Lead-Generierungsbemühungen auf sie wirken. Dies kann Ihnen helfen, Schwachstellen zu identifizieren und Ihre Lead-Generierungsbemühungen zu verbessern.

• Integrierte Tools: Verwenden Sie integrierte Tools wie CRM-Systeme, um alle Lead-Daten an einem zentralen Ort zu sammeln und zu überwachen. So haben Sie einen besseren Überblick über die Lead-Generierung und können Trends schneller erkennen.

• Regelmäßige Überprüfungen: Überprüfen Sie regelmäßig Ihre Lead-Generierungsbemühungen, um sicherzustellen, dass sie auf dem neuesten Stand sind und Ihre Ziele erreichen. Machen Sie Anpassungen, wenn nötig, um die Effizienz Ihrer Lead-Generierungsbemühungen zu steigern.

Verankern Sie das
System in Ihrem Unternehmen

Um ein Lead-Generierungssystem im Unternehmen zu verankern, sollte man folgende Schritte befolgen:

•Klare Ziele und Prozesse definieren: Bestimmen Sie, was Sie erreichen wollen und wie Sie es erreichen werden. Stellen Sie sicher, dass alle Prozesse dokumentiert und standardisiert sind, damit sie von jedem Teammitglied ausgeführt werden können.

•Verantwortlichkeiten und Ressourcen zuweisen: Überlegen Sie sich, wer für die Umsetzung der Lead-Generierungsstrategie verantwortlich ist und stellen Sie sicher, dass diese Person über die notwendigen Ressourcen verfügt.

•Schulung und Kommunikation: Schulen Sie Ihre Mitarbeiter über die Prozesse und Ziele des Lead-Generierungssystems. Kommunizieren Sie regelmäßig, wie das System funktioniert und wie es weiterentwickelt werden kann.

•Erfolg messen und optimieren: Überwachen und messen Sie regelmäßig die Leistung Ihres Lead-Generierungssystems und passen Sie es an, wenn nötig, um bessere Ergebnisse zu erzielen.

• Indem Sie diese Schritte umsetzen, werden Sie in der Lage sein, ein zuverlässiges und skalierbares Lead-Generierungssystem aufzubauen, das Ihnen hilft, erfolgreich neue Kunden zu gewinnen und Ihre Verkäufe zu steigern.

Implementierung von Marketing-Kontrollen

Die Implementierung von Marketing-Kontrollen ist unerlässlich, um den reibungslosen Betrieb Ihrer Marketing-Systeme zu gewährleisten und hochwertige Leads für Ihr Unternehmen zu generieren. Dabei müssen vier grundlegende Kontrollen durchgeführt werden, um sicherzustellen, dass die Marketingaktivitäten Ihres Unternehmens auf dem richtigen Weg sind und rechtzeitig durchgeführt werden. Eine sorgfältige Überwachung und Kontrolle Ihrer Marketingbemühungen wird Ihnen helfen, Misserfolge zu vermeiden und Ihr Unternehmen auf Kurs zu halten.

Marketing-Kalender
Ein Marketingkalender ist ein organisatorisches Werkzeug, das verwendet wird, um

Marketingaktivitäten und Kampagnen über einen bestimmten Zeitraum zu planen, zu verwalten und zu überwachen. Es ist eine Art Zeitplan, der es Marketingteams ermöglicht, ihre Aktivitäten im Voraus zu planen und sicherzustellen, dass sie aufeinander abgestimmt und auf ihre Geschäftsziele ausgerichtet sind. Ein Marketingkalender kann auch verwendet werden, um Termine für wichtige Ereignisse, wie Messen, Produktlancierungen oder Promotions, sowie für die Veröffentlichung von Inhalten wie Blogposts, Social Media-Beiträgen und E-Mail-Kampagnen zu verfolgen. Ein effektiver Marketingkalender sollte auch die Überwachung von Ergebnissen und Analysen beinhalten, um sicherzustellen, dass die Marketingbemühungen den gewünschten Erfolg erzielen.

Ein Marketingkalender ist ein hervorragendes visuelles Kontrollinstrument.

Standardisiertes Marketingmaterial

Ein standardisiertes Marketingmaterial ist ein wichtiger Bestandteil Ihrer Marketingstrategie, mit dem Sie sicherstellen können, dass alle Ihre potenziellen Kunden eine einheitliche, konsistente Botschaft von Ihrem Unternehmen erhalten. Es kann sich um eine Vielzahl von Dokumenten und Inhalten handeln, wie z.B. E-Mail-Vorlagen, Broschüren, Whitepapers, Infografiken, Social-Media-Posts, Landingpages, etc.

Die Standardisierung dieser Materialien sorgt dafür, dass die potenziellen Kunden einen klaren und zusammenhängenden Überblick über Ihre Produkte oder Dienstleistungen erhalten und dass Ihr Unternehmen ein professionelles und kompetentes Image vermittelt. Außerdem kann es auch dazu beitragen, neuen Mitarbeitern eine schnelle und effektive Einführung in die Produkte und Dienstleistungen Ihres Unternehmens zu geben.

Wichtig ist, dass Sie mit kleinen Schritten starten und Ihr Marketingmaterial stetig ausbauen, um es für die Bedürfnisse Ihrer Zielgruppe und Ihres Unternehmens optimal anzupassen.

**Entwickeln Sie
einen Marketing-Anzeiger**

Ein Marketing-Scoreboard ist ein praktisches Werkzeug, um den Fortschritt und die Effektivität Ihrer Marketingbemühungen zu überwachen. Es sollte einfach zu lesen und zu verstehen sein und Ihnen einen schnellen Überblick über wichtige Kennzahlen geben. Um Ihr Marketing-Scoreboard zu entwickeln, können Sie mit drei grundlegenden Zahlen starten.

•Kosten pro Lead: Messen Sie die Gesamtkosten einer bestimmten Marketingkampagne und berechnen Sie den Durchschnitt, indem Sie diese durch die Gesamtzahl der generierten Leads teilen. Dies gibt Ihnen eine Vorstellung davon, welche Lead-Taktiken am kosteneffizientesten sind.

•Kosten pro Verkauf: Messen Sie die Gesamtkosten einer bestimmten Marketingtaktik und berechnen Sie den Durchschnitt, indem Sie diese durch die Anzahl der mit dieser Taktik erzielten Verkäufe teilen. Dies hilft Ihnen, die Effektivität einer bestimmten Marketingstrategie zu beurteilen.

•Kapitalrendite: Dies ist eine leistungsstarke Methode, um die Wirksamkeit verschiedener Marketingtaktiken zu beurteilen. Berechnen Sie die Kapitalrendite, indem Sie den Gesamtumsatz, der mit einer bestimmten Taktik erzielt wurde, durch die Gesamtausgaben für diese Taktik teilen. Dies gibt Ihnen einen Überblick darüber, welche Marketingstrategie die größte Kapitalrendite hat.

Mit diesen Metriken im Blick können Sie einen Marketing-Anzeiger entwickeln, der es Ihnen ermöglicht, die Ergebnisse Ihrer Marketingaktivitäten zu verfolgen und anzupassen, um bessere Ergebnisse zu erzielen.

Einführung eines Kundenbeziehungsmanagementsystems (CRM)

Ein CRM (Kundenbeziehungsmanagementsystem) ist eine unverzichtbare Lösung für Unternehmen, die ihre Kunden- und Interessentenbeziehungen auf eine organisierte, systematische und effektive Weise verwalten möchten. Es ist ein zentrales System, das alle Daten und Informationen über Ihre Kunden und Interessenten sammelt und aufbewahrt, um ein besseres Verständnis für Ihre Zielgruppe zu erreichen.

Mit einem CRM können Sie Lead-Erfassung verbessern, den Follow-up-Prozess optimieren und eine personalisierte Kundenerfahrung schaffen. Es ermöglicht es Ihnen auch, Verkaufsprozesse zu automatisieren, um eine höhere Effizienz und bessere Ergebnisse zu erzielen.

Stellen Sie die richtigen Leute ein

Ein wichtiger Faktor für das Wachstum Ihres Unternehmens ist die Beschäftigung talentierter und qualifizierter Mitarbeiter. Diese Mitarbeiter können Ihr Unternehmen bei der Steigerung des Umsatzes unterstützen oder neue Produkte entwickeln, indem sie ihre Fähigkeiten und Fachkenntnisse einbringen. Es ist wichtig, dass das Unternehmen die richtigen Mitarbeiter auswählt, einstellt, integriert und fördert, um das maximale Potenzial auszuschöpfen und das Wachstum des Unternehmens anzukurbeln.

Um ein schnelles und nachhaltiges Wachstum Ihres Unternehmens zu erreichen, ist es wichtig, dass Sie es zu einem attraktiven Arbeitsplatz für talentierte Mitarbeiter machen. Hier sind einige Schritte, die Sie unternehmen können, um dies zu erreichen:

• Definieren Sie bewusst Ihren idealen Mitarbeiter: Stellen Sie sich ein klares Bild des perfekten Teammitglieds für Ihr Unternehmen vor. Überlegen Sie sich, welche Fähigkeiten, Überzeugungen und Antriebe Ihre Mitarbeiter besitzen sollten und integrieren Sie diese Eigenschaften in Ihren Einstellungsprozess.

• Seien Sie wählerisch: Wenn Sie große Talente in Ihr Team einladen, achten Sie darauf, dass diese mit anderen talentierten Personen zusammenarbeiten können. Legen Sie hohe Maßstäbe an und überlegen Sie sich, wie Sie schwächere Teammitglieder fördern können, wenn dies möglich ist.

• Individualität berücksichtigen: Obwohl Ihr Unternehmen standardisierte Personalrichtlinien besitzen muss, sollten Sie trotzdem

Ihren gesunden Menschenverstand walten lassen und jeden Mitarbeiter individuell betrachten. Das Ziel sollte es sein, erstaunliche Ergebnisse zu erzielen, indem Sie Ihr Team dazu bringen, sein Bestes zu geben.

•Leistung schnell verbessern: Wenn es in Ihrem Team Mitarbeiter gibt, die nicht auf dem gleichen Leistungsniveau wie die anderen arbeiten, ist es wichtig, dass Sie sie angemessen anleiten, coachen und schulen. Sollte sich jedoch zeigen, dass sie ihre Leistung nicht verbessern können, sollten Sie sie schnell entlassen.

Nachdem Sie erfolgreich das richtige Talent für Ihr Unternehmen gewonnen haben, ist es wichtig, diese Talente auch für die kontinuierliche Entwicklung und Verbesserung Ihres Unternehmens zu nutzen. Hierfür können Sie einen regelmäßigen Prozess implementieren, bei dem jedes Teammitglied aufgefordert wird, Ideen zur Skalierung und Verbesserung des Unternehmens zu entwickeln.

Ein Ansatz könnte sein, alle sechs Monate jedes Teammitglied zu bitten, Abteilung für Abteilung durch das Unternehmen zu gehen und die drei besten Ideen für die Skalierung und Verbesserung aufzuschreiben. Nachdem alle Ideen vorliegen, sollte eine Teamsitzung einberufen werden, um die besten Vorschläge auszuwählen und umzusetzen.

Es ist wichtig, dass Sie diesen Prozess regelmäßig wiederholen, um zu beobachten, wie Ihr Unternehmen von den Ideen profitiert und sich verbessert und wie Ihr Team reagiert und wächst, wenn es sieht, dass Sie seine Beiträge und Ideen ernst nehmen. Dies kann auch dazu beitragen, dass Ihr Team motiviert bleibt und sich weiter engagiert, um das Beste für das Unternehmen zu erreichen.

⑧
Zu guter Letzt
Der Griff nach den Sternen

Das Ende dieses Buches markiert einen bedeutenden Meilenstein auf unserer Reise zur Schaffung eines erfolgreichen und nachhaltigen automatisierten Online-Unternehmens. Wir haben gelernt, wie wichtig es ist, eine klare Vision zu haben, ein starkes Fundament zu schaffen und kontinuierlich zu verbessern und zu skalieren.

Wir haben die Bedeutung von Technologie, Datenanalyse und Automatisierung erkannt, um ein Online-Geschäft zu führen, das skalierbar und effizient ist. Wir haben erkannt, wie wichtig es ist, ein starkes Team aufzubauen und eine Kultur der Kollaboration und Innovation zu fördern.

Wir hoffen, dass Sie aus diesem Buch gelernt haben, wie Sie Ihr eigenes automatisiertes Online-Unternehmen aufbauen und erfolgreich führen können.

Dies ist nur der Anfang einer vielversprechenden Reise, und Ich wünschen Ihnen viel Erfolg auf Ihrem eigenen Weg. Lassen Sie uns gemeinsam daran arbeiten, eine Zukunft zu schaffen, in der Unternehmen effizient und nachhaltig funktionieren, und in der wir uns auf die Dinge konzentrieren können, die wirklich zählen: unsere Beziehungen, unsere Gesundheit und unsere Leidenschaften.

Ihen hat das Buch gefallen?

Hier gibt es noch mehr Bücher mit dem
Themen **Einkommen**,
Wirtschaft & **Finanzen**!

Viel Spaß beim stöbern!

**Scannen Sie den QR-Code
direkt mit dem Smartphone**

oder besuchen Sie die Webseite
https://clevercapitalpress.pagepitch.com

Haftungsausschluss für das Buch

Dieses Buch wurde mit größter Sorgfalt erstellt. Der Autor und der Verlag übernehmen jedoch keine Haftung für die Richtigkeit, Vollständigkeit und Aktualität der bereitgestellten Informationen. Die Verwendung der Inhalte erfolgt auf eigene Gefahr des Lesers.

Insbesondere übernehmen der Autor und der Verlag keine Haftung für eventuelle Schäden oder Nachteile, die aus der Anwendung der in diesem Buch beschriebenen Methoden oder Anleitungen resultieren.

Dies gilt auch für Links, die in diesem Buch enthalten sind und auf externe Internetseiten führen. Der Autor und der Verlag haben keinerlei Einfluss auf die aktuelle und zukünftige Gestaltung und die Inhalte der verlinkten Seiten und übernehmen hierfür keine Haftung.

Das Copyright für das Buch liegt beim Autor und dem Verlag. Jegliche Vervielfältigung, Übersetzung, Nachdruck oder sonstige Verwendung, auch auszugsweise, bedarf der ausdrücklichen schriftlichen Genehmigung des Verlags.

Dieser Haftungsausschluss ist als Teil des Buches anzusehen und sollte bei jeder Verwendung oder Verbreitung des Buches berücksichtigt werden.